DENIS
ROBERT

LARRY
ET
MOI

Couverture : illustration extraite
de *Consanguin,* Denis Robert 2012,
acrylique et mixte sur toile, 162x130,
Collection privée.

Conception graphique: Quintin Leeds
Fabrication : Catherine Labrousse
Relecture : Florence Collin et Élisabeth Maucollot

Dépôt légal : octobre 2019
ISBN version librairie : 9782380352825
ISBN numérique : 9782380352832

DENIS ROBERT

LARRY ET MOI

COMMENT BLACKROCK NOUS AIME, NOUS SURVEILLE ET NOUS DÉTRUIT

MASSOT
ÉDITIONS

La soif de dominer est celle
qui s'éteint la dernière
dans le cœur de l'homme.

Nicolas Machiavel

Derrière chaque grande fortune
se cache un grand crime.

Honoré de Balzac

PROLOGUE

C'est une drôle d'histoire que ce livre, lecteur.

Ce qu'il raconte, ce qu'il construit par petites touches impressionnistes. Cette montée en puissance de Larry Fink, le maître du nouveau monstre de la finance, BlackRock. Quand je ferme les yeux et que je pense à Larry et à BlackRock maintenant, l'image qui me vient est celle d'un Godzilla qui émergerait de la mégacrise de 2008 et qui foncerait vers nous... Ce qui rend ce livre encore plus singulier réside surtout dans sa genèse. Il n'aurait jamais dû exister. Cet objet comique et effrayant que vous avez entre les mains aurait dû être une préface, mais les choses ont mal tourné. Et j'ai été le témoin impuissant de ce que j'ai ressenti comme une tentative de censure.

C'est délicat pour moi d'utiliser ce mot, mais *in fine*, c'est de cela qu'il s'agit. Et c'est ce qui a motivé l'écriture de cet improbable objet. Je ne vais pas épiloguer ici sur les faits et leur enchaînement (ce n'est pas vraiment le rôle d'une préface...) Le livre le raconte.

Larry et moi naît d'un dialogue et de l'amitié entre un éditeur libre et engagé et son ami écrivain, baroudeur de l'enquête journalistique et du combat politique (Denis Robert fut la cheville ouvrière du scandale Clearstream). L'idée du livre s'est imposée à nous comme une évidence, une nécessité. Il fallait que je le publie, que ce soit moi son éditeur. Mais il fallait aussi que je publie son complément d'objet direct, la raison qui avait fait que Denis se penche sur BlackRock : le livre très documenté et de référence de la journaliste allemande Heike Buchter : *BlackRock, ces financiers qui s'emparent de notre argent.* Les deux livres, différents, démontrent d'une manière implacable les rouages cachés et les objectifs totalitaires de BlackRock. La multinationale voit passer par sa plateforme Aladdin aujourd'hui plus de trente trillions de dollars. Aladdin, c'est la lampe merveilleuse de Larry Fink, un indécryptable logiciel, un terrifiant mouchard, arbitre et finalement tyran de la finance mondiale. Black Rock gère 7 500 milliards d'actifs dans le monde entier, c'est-à-dire partout, même en France où la firme possède, bon an, mal an autour de 4 % du CAC40. C'est-à-dire des quarante plus grandes sociétés françaises cotées en Bourse.

BlackRock est probablement la plus grande menace immédiate et actuelle, bien plus que la moumoute de Donald Trump ou les airs pincés de Xi Yinping – et, à court terme, que l'implacable changement climatique.

BlackRock est à la fois le symbole et la réalité de ce mariage monstrueux de la technologie totalitaire des data et de la toute-puissance, mi-gazeuse, mi-hallucinée, de la finance.

BlackRock n'est plus seulement un problème économique ni même politique, qui se règle avec des arguments et des éléments de savoir. BlackRock est devenue une folie incontrôlable, construite sur du *storytelling*. Blackrock est devenue un mythe.

Larry Fink, avec son air rassurant de gestionnaire de fonds et de brave cow-boy américain, s'est refait une virginité en devenant le l'homme-qui murmure-à-l'oreille-de-la-Maison-Blanche. Il l'a fait au moment de la tempête des *subprimes*. Il continue aujourd'hui. Il a lui aussi muté en un personnage de légende.

De légende noire. De légende qui risque d'emporter l'humanité entière dans l'effondrement impossible et pourtant probable de son immense château de cartes, de son Xanadu qui ne tuera pas son propriétaire, mais nous. Nous tous, toi, ami lecteur, dont l'argent est géré par ce bon Larry, comme tout le monde. Oui, c'est toi qui seras obligé de chuchoter *Rosebud* avant de rendre ton dernier souffle...

Dès son titre, *Larry et moi* accomplit le geste vital qui est aujourd'hui celui de notre survie : rendre un nom, une humanité, à la fois banale et pitoyable, et tellement nécessaire, à cet inventeur du plus effroyable logiciel de flicage, de mise en boîte, de transformation en *0 et 1* du travail humain. Et donc de l'homme tout court.

Page après page, ce livre résiste et refuse ; refuse la folie aveugle du logiciel Aladdin qui broie et manigance les données économiques, tient la dragée haute à tous, des politiques aux grands patrons, et règne sur le destin de l'économie. Page après page, ce livre rend un nom d'homme à la catastrophe à venir. Il nous réveille du long cauchemar où nous nous voyons aller droit dans le mur *automatiquement*, ou plutôt algorithmiquement.

Page après page, lecteur, ce livre vous invite, à votre tour, à apostropher Larry, et à lui dire : « Larry, si tu es un homme, si tu es comme tu le crois un bon Américain, un bon gars sympa, débranche ta lampe merveilleuse, et rends au plus vite tes 7500 milliards à ceux qui les possèdent vraiment. Pas seulement aux retraités dont tu concentres la fortune. Mais à nous tous. De notre avenir tu es devenu, par un concours de circonstances schizophrènes, le garant et le gourou. Toute cette puissance concentrée entre tes seules mains, Larry, tu le sais bien, est l'origine de la plus grande bouffée délirante qui ait jamais atteint le cerveau de l'économie mondiale. »

En fait, lecteur, la seule parade qui nous reste, c'est de nous rappeler que derrière nos actifs, il y a Larry, et moi. C'est-à-dire nous tous. Et de le crier au plus vite.

Vous verrez à la fin du livre une lettre. C'est un moyen pour nous de transformer la littérature en combat. Donnez de vos nouvelles à Larry et à BlackRock…

Maintenant, ce livre et celui d'Heike Buchter, qui sortira dans quelques semaines, sont là pour toi, lecteur. À toi d'échapper au sortilège et de décider de ton sort.

Florent Massot

À la centaine d'activistes et de militants écologistes qui ont occupé les locaux de BlackRock en février 2020 à Paris,

À Raymond M., Olivier L. et à tous ceux qui financent les médias indépendants, sans rien attendre d'autre en retour qu'un peu de liberté,

À mon père,

CALPERS
ZINZIN
BLACKSTONE
Family
GOLDMAN SACHS
JOHN ELKAM
(EXOR)
L'ART
Michel DAVID-WEILL
(EURAZEO)
TRILATERALE COMMISSION
EUROPE
160 membres
AMÉRIQUE du NORD
120 membres
PRIVATE EQUITY
AIG
Nigel HIGGINS
(The ROTHSCHILD GROUP)
Marco TRONCHETTI PROVERA
(PIRELLI)
Thomas LEYSEN
(KBC)
Yotaro KOBAYASHI
(FUJIXEROX)
EVERCORE PARTNERS
MERRIL LYNCH
STANDARD & POORS
55 millions d'actions
William DALEY
CHEF CAB OBAMA
VIACOM
KILL
GOLDMAN SACHS
LES AUTRES INSTITUTIONS DE LA SOCIÉTÉ.
SUNGARD
CAPSTAR
GEORGES H. W BUSH
HENRY KISSINGER
H M CAPITAL

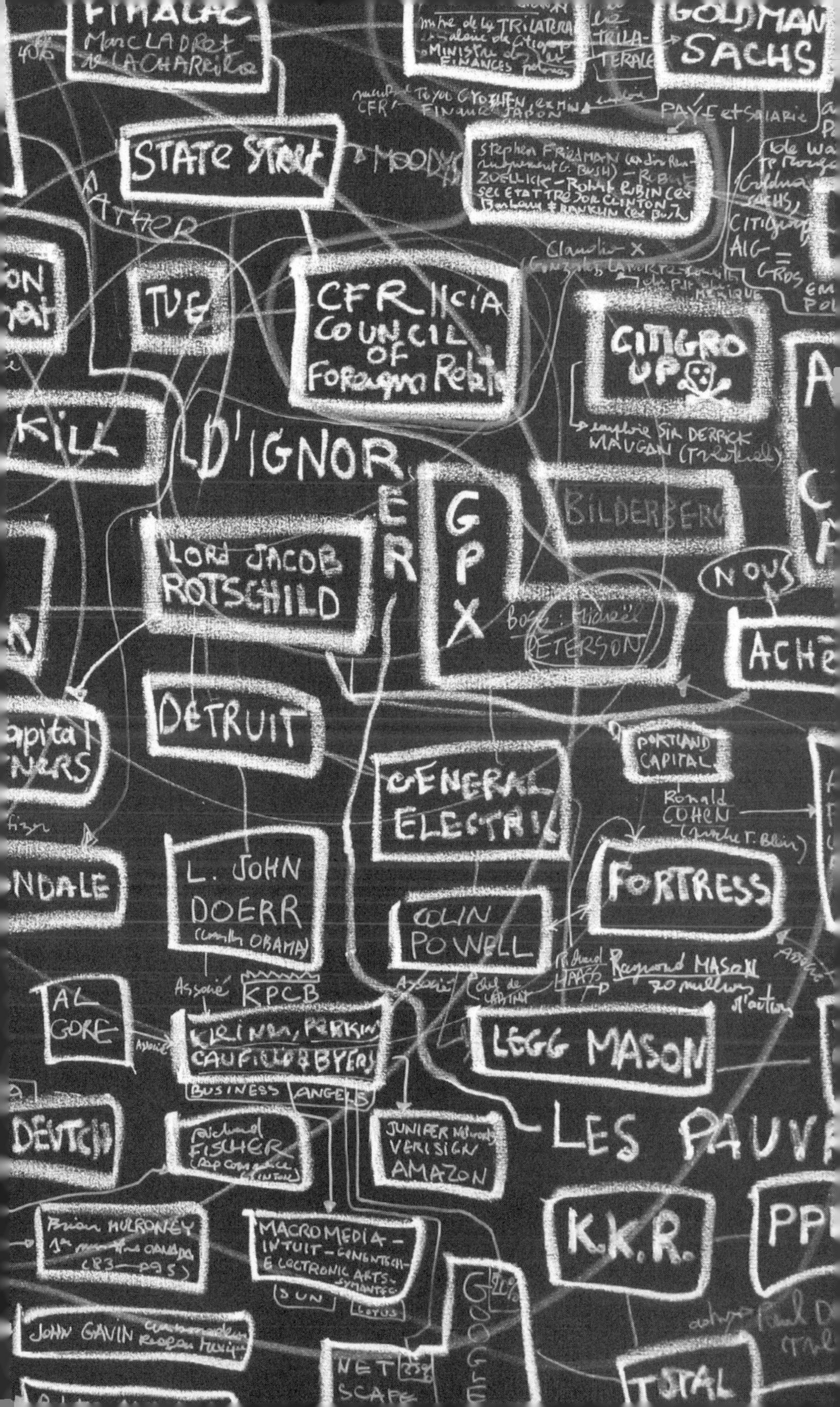

GOLDMAN SACHS
STATE STREET
MOODY'S
TUE
CFR CIA COUNCIL OF
CITIGROUP
emploie SIR DERRICK MAUGAN
D'IGNOR
ER
GPX
BILDERBERG
LORD JACOB ROTSCHILD
NOUS
Boss : Michaël PETERSON
DETRUIT
PORTLAND CAPITAL
GENERAL ELECTRIC
Ronald COHEN
L. JOHN DOERR
FORTRESS
COLIN POWELL
Raymond MASON
KPCB
AL GORE
KLEINER, PERKINS CAUFIELD & BYERS
LEGG MASON
BUSINESS ANGELS
Richard FISCHER
JUNIPER Networks VERISIGN AMAZON
Brian MULRONEY
MACROMEDIA - INTUIT - E LECTRONIC ARTS - SYMANTEC
SUN
LOTUS
K.K.R.
JOHN GAVIN
NET SCAPE
GOOGLE
TOTAL

1.

Larry et moi, c'est une vieille histoire.

Même si un océan nous sépare, on est nés sur la même planète. Larry a six ans de plus que moi. Son père était marchand de chaussures à Los Angeles (ouest des États-Unis) et sa mère professeure d'anglais. Ma mère était couturière, mon père ingénieur EDF à Thionville (est de la France). Larry a fait des études de sciences politiques et possède une maîtrise en administration des affaires, obtenue à l'université de Californie en 1976. L'année de mon bac. J'ai fait mes études de psychologie à Nancy jusqu'à un DEA de psycholinguistique. Niveau durée d'études, on peut dire que je le bats d'une courte tête.

Je ne frime pas. Je narre.

Niveau patrimoine, c'est une autre affaire. À part ma maison et une vieille Jaguar, je n'ai ni actions, ni plan d'épargne, ni résidence secondaire. Larry a gagné 25 millions de dollars en revenus et actions de BlackRock l'année dernière. Ce qui en fait le troisième plus gros salaire de Wall Street. Deux vieux banquiers le dépassent de peu : le boss de Morgan Stanley (27 millions) et celui qui truste la première place depuis des années : Jamie Dimon, le patron de JPMorgan (31 millions). Ce salaire annuel le classe également derrière Neymar, Messi et Ronaldo, mais légèrement devant Mbappé. L'histoire ne dit pas les autres revenus boursiers ou immobiliers de Larry. Il est très discret sur ses investissements. Bloomberg a cependant lâché le morceau en avril 2018 pour annoncer que Larry entrait dans la grande famille des milliardaires, puisqu'il venait selon le journaliste de la chaîne de dépasser le milliard en fortune personnelle, essentiellement grâce aux actions de BlackRock qu'il possède en nombre[1].

Son score – même enviable – ne lui permet pas pourtant pas d'entrer dans le top 100 des hommes les plus riches du monde. En revanche, au palmarès des plus puissants, *Forbes* le place en vingt-huitième position en 2018, derrière Xi Jiping, Poutine et Trump, mais loin devant beaucoup d'autres patrons et hommes politiques influents. Depuis que le classement existe, sa cote ne fait que grimper et je vous fiche mon billet qu'il entrera dans le top 10 en 2020. Forcément. Doucement, mais aussi sûrement que BlackRock étend son influence sur le globe.

Et, *Forbes* ou pas, il sera évidemment numéro un en 2021. *Larry Fink, Master of the Universe.* Ça vous pose un homme. Il fera dorer son nom à l'or fin sur des cartes de visite qu'il distribuera ensuite sans sourire (Larry a un humour très

---

1 — Bloomberg, 16 avril 2018.
https://www.bloomberg.com/news/videos/2018-04-16/blackrock-ceo-larry-fink-is-now-a-billionaire-video

limité) lors de ses déplacements en Europe ou en Asie. Larry aime la richesse, pas l'opulence. Il est très secret sur ce qu'il gagne et amasse. Une ferme à North Salem avec des vaches et des chevaux, une villa à Aspen dans la station pour happy few du Colorado, Larry ne multiplie pas, contrairement à bon nombre de ses amis banquiers, les investissements immobiliers tapageurs. Notre homme aime surtout le pouvoir et lire la crainte ou l'admiration dans les yeux de ses interlocuteurs. La question que je me pose quand je le vois à la télévision ou que je lis la lettre annuelle envoyée aux dizaines de milliers d'entrepreneurs liés à BlackRock pourrait se résumer à « sait-il où il va et ce qu'il fait ? » Je crains que la réponse soit négative.

Au fond, à part sa femme et ses trois enfants, je pense que Larry n'en a pas grand-chose à faire de ce qui peut arriver à autrui. C'est un libertarien, binaire et désinvolte, qui pourrait reprendre à son compte le rap de Nekfeu : « Ton existence m'importe peu si t'es pas mon comparse... Les gens sont plus aimables quand tu paraphes ton contrat... Dédicace à toi qui disais ne pas croire en moi... Aujourd'hui j'fais des lives, j'fais des sous, j'fais ma life... Donc rien à foutre, j'n'en ai rien à foutre de rien... »

Une histoire livrée par une ancienne cadre de BlackRock en dit long sur la nature profonde de Larry. Il survole l'Atlantique dans son jet. Soudain lui vient l'idée de faire une escale en Allemagne pour voir Angela Merkel. Il demande à son pilote d'atterrir à Francfort et appelle son correspondant pour qu'il lui cale un entretien avec la chancelière allemande... cinq heures plus tard. Transpiration du gars qui, malgré tous ses efforts, ne réussit pas ce tour de force et lui trouve à la place un tête-à-tête avec le vice-président de BMW. La rencontre commence, les deux gars discutent. Larry se rend compte qu'il s'emmerde et qu'il n'en a pas grand-chose à faire du sous-patron. Il sort son portable et pianote un SMS pour organiser son prochain rendez-vous, « laissant son interlocuteur sans voix », précise un témoin de la scène[2].

Larry et moi, on ne s'est jamais croisé. Je l'ai vu à la télé plusieurs fois. Je ne pense pas que ce soit son cas. Je veux dire, je ne pense pas qu'il m'ait vu à la télé. Larry a une vie très réglée. C'est du moins l'image qu'il veut donner. Il se lève à 5 heures tous les matins et sort de son immeuble de l'Upper East Side de Manhattan trois quarts d'heure plus tard pour aller en limousine à son bureau chez BlackRock. Larry lit trois journaux, toujours les mêmes, chaque matin – le *Wall Street Journal,* le *Financial Time* et le *New York Times* –, avant de démarrer ses réunions et visioconférences.

L'immeuble de BlackRock est une tour banale située sur Park Avenue, avec une galerie marchande et un Starbucks au rez-de-chaussée. Rien à voir avec le luxe affiché de la Trump Tower ou du palais de Goldman Sachs sur l'Hudson. Lloyd Blankfein, le patron de la banque d'affaires, a lâché deux milliards pour montrer au monde et à ses copains traders et banquiers la richesse insolente de sa boutique. Larry est plus modeste et plus malin. Il veut montrer qu'il est riche mais économe. Niveau influence sur les affaires de la planète, BlackRock et ses dirigeants ont largement dépassé les costumes cravates de chez Goldman. Et pour

---

2 — L'anecdote est rapportée par le journaliste Jordan Pouille, dans un article publié le 8 mai 2018 par le site Mediapart : « BlackRock, ce Léviathan de la finance qui pèse sur les choix européens ».

tout journaliste habitué aux arcanes de Wall Street, Larry ne joue plus dans la même cour que Lloyd. Le plus puissant est rarement le plus frimeur.

Larry rentre chez lui à 18 h 30 pour retrouver sa femme Lorri, rencontrée au lycée quand il avait dix-sept ans. Larry *and* Lorri : le couple sent le portrait de couverture pour le *Reader's Digest*, la revue qui enchante l'Amérique profonde depuis 1923. « À 22 h 30, il éteint la lumière », nous apprend la journaliste star de la revue *Fortune*, Carol Loomis, dans un papier hagiographique que le service de presse de BlackRock refourgue à tous les journalistes qui prennent contact avec la multinationale. Donc Larry s'occupe de nos économies, se couche tôt et bosse tout le temps. Le message est passé.

Quand Larry a un souci, il le soumet à Aladdin, l'intelligence artificielle de BlackRock, et envoie ses chargés de com ou ses avocats pour le régler. Il pourrait même s'offrir un tueur à gages. Moi, je ferais bien comme lui, mais je n'en ai pas les moyens. Bon, j'avoue : mes tracas ne sont pas du même tonneau. Il fait dans la géopolitique, le trading haute fréquence. Je fais dans l'édito politique, les emmerdements basse fréquence. Un trader libanais basé à Londres multiplie les plaintes contre moi sous des prétextes aussi divers que diffamation, injure, atteinte à sa vie privée. Il a beau perdre, il ne lâche pas le morceau. Je suis tout ce qu'il déteste. Il me pourrit la vie, mais je laisse faire. Comme je suis négligent, une galerie d'art vend mes toiles depuis deux ans, sans me payer. Je trouve toujours une excuse pour éviter la confrontation. Un conducteur procédurier a inventé une marche arrière violente et un choc de ma part avec sa voiture pour escroquer mon assurance. L'accident n'est jamais arrivé, mais le gars a un témoin. Je travaille sur moi-même pour ne pas m'énerver. Larry n'a pas ce genre de préoccupations.

Depuis que j'ai repris une activité quotidienne de directeur de la rédaction d'une télévision pour gauchistes (humour second niveau, je blague), les réunions et les conflits se succèdent sans que je parvienne à tout maîtriser. Le Conseil national de la Nouvelle Résistance, que nous essayons de lancer, occupe pas mal de mon temps. Emmanuel Macron et son nouveau gouvernement, qui ressemble à s'y méprendre à l'ancien, encore plus. Les amoureux d'Étienne Chouard[3] me harcèlent sur Internet et viennent m'emmerder jusque chez moi. J'ai laissé mes livres en plan, mes films en gestation, le scénario commandé par un producteur en friche. Et puis, il y a la maison, les enfants, la famille, le basket. Mon père qui a perdu sa femme – ma mère – et ne s'en remet pas. Moi non plus d'ailleurs, mais c'est une autre histoire.

À la fin du confinement, une amie m'a envoyé une lettre où elle me demande de faire une pause. Selon elle, je suis engagé sur trop de fronts. « Tu devrais faire une introspection face à ce trop-plein d'activités. Quel vide cherches-tu à combler ? » me demande-t-elle. Je n'ai pas besoin d'un

3 — Professeur d'histoire très populaire chez les Gilets jaunes, blogueur engagé à gauche et leader d'un mouvement politique favorable à un référendum d'initiative citoyenne. Il est également soutenu par des militants d'extrême droite révisionnistes. L'ayant invité, le 10 juin 2019, à une émission au Média, je l'ai interrogé sur ses liens avec ces drôles de zèbres qui mettent en doute l'existence des chambres à gaz. Étienne Chouard a indiqué son ignorance sur la question. Depuis, les militants en question ont fait de moi leur ennemi, qui complote pour lui nuire.

psychanalyste, plutôt d'un maître yogi. Quelqu'un qui m'apprenne à prendre les bonnes décisions. Je vais relire Krishnamurti. Me libérer du connu. Mais avant, j'ai une dernière mission à accomplir. J'ai rappelé mon amie pour la remercier de sa lettre et nous avons parlé :

— À force de défendre des causes perdues, tu es devenu un champion du monde du type qui se met dans la merde tout seul, me dit-elle.

— Ça va, je tiens debout et je suis en forme.

— Les types disent toujours ce genre de trucs avant un AVC ou un infarctus.

— Arrête, je te dis que ça va... Je préfère être dans ma peau que dans celle de Larry Fink.

— De qui ?

— Le patron de BlackRock.

— C'est un musicien ?

Je lui explique qui est Larry et mon projet encore vague. À l'époque, je ne pensais pas encore à un livre, plutôt un long article. Elle est dubitative, et milite pour que je me remette à mon roman laissé en plan un an plus tôt :

— Dès qu'un sujet te touche, c'est plus fort que toi, raille-t-elle. Tu pars bille en tête.

Je nie mollement, mais elle insiste :

— Il faut que tu raisonnes froidement. Tu gagnerais à prendre du recul...

Et ajoute :

— Ton problème, c'est que tu n'es pas assez rusé, alors tu te mets dans la panade tout seul.

Là, je soupire et parviens à changer de sujet. Je ne suis peut-être pas rusé mais je suis tenace. Je crois en ma bonne étoile. Dois-je lui avouer que je vais faire tout le contraire de ce qu'elle me conseille ?

Le philosophe Bernard Stiegler vient de se suicider. J'étais en train de lire son dernier livre *Qu'appelle-t-on panser*[4] *?* pour l'interviewer à la rentrée. Il nous alerte depuis plusieurs années sur la folie destructrice des marchés financiers et des algorithmes… « Lorsque la raison est perdue, écrit-il, toutes les puissances technologiques qui sont entre nos mains comme autant de "progrès de la civilisation" deviennent des armes de destruction par où cette "civilisation" relève de la barbarie. »

Chaque phrase de Bernard Stiegler, je la lis comme une adresse à Larry Fink et à ce qu'il entreprend avec BlackRock, en créant un monde au-dessus du monde, en jouant à l'acrobate financier, jonglant avec les lois et les usages pour affirmer sa position dominante sur les marchés financiers. En allant toujours plus vite dans les acquisitions d'actions et d'obligations dans une zone de non-droit. BlackRock, sa chose, par son statut hybride et incontrôlable de fonds d'investissement planétaire, innove dans ce que Stiegler appelle « le Far-West technologique ».

J'ai été frappé par cette citation au dos d'un précédent ouvrage[5] : « Pour les seigneurs de la guerre économique, dans la disruption qui est un phénomène d'accélération de l'innovation, il s'agit d'aller plus vite que les sociétés pour leur imposer des modèles qui détruisent les structures sociales

---

4 — Les Liens qui libèrent, 2020.

5 — *Dans la disruption, comment ne pas devenir fou ?* Les Liens qui libèrent, 2016.

et rendent la puissance publique impuissante. C'est en quelque sorte une stratégie de tétanisation de l'adversaire. »

Voilà ce qui se passe avec Larry. Il tétanise ses adversaires. Il tire toujours le premier.

Et il est devenu trop gros pour tomber.

En transférant sur la société les risques qu'elle ne veut pas assumer, tout en faisant les poches de ses clients, BlackRock peut détruire les structures sociales d'un pays.

Too big to fail.

Jamais l'expression n'a été aussi appropriée.

Zéro risque, man, dirait Larry en plissant les yeux.

Personne pour le contredire, sauf cette petite voix qui sort d'un tout petit livre à l'histoire mouvementée :

Arrête ton foutu baratin, le risque systémique est total, man.

2.

Il y a une vibration spéciale entre Larry et moi.

Même si je suis conscient que ses préoccupations sont à mille lieues des miennes, nous sommes faits de la même chair. Nous avons des problèmes d'ego, d'amour, d'amitié. Quand nos proches disparaissent, nous en souffrons. Nous sommes mortels, conscients de notre finitude et nous nous interrogeons sur le devenir de l'humanité. Enfin, je l'espère.

Un écrivain n'est jamais à la retraite, un banquier d'affaires non plus. Alors que la plupart de nos contemporains rêvent d'une rente dorée et d'une fin de vie paisible, Larry bosse sans compter pour capter l'argent des retraités, en particulier français. Et à mon niveau, j'essaie benoîtement de faire échouer ses plans.

J'oublie un détail.

Larry collectionne, dans sa ferme-musée de North Salem, à une centaine de kilomètres de New York, les vieilles gourdes cabossées, les girouettes, les photos jaunies et les selles de cow-boy. Tout ce qu'il appelle *l'art populaire américain*. Un type qui collectionne les girouettes ne peut pas être foncièrement mauvais.

Il a beau être né sous le soleil californien, il fait penser à un bouseux du Midwest. Un paysan de l'Iowa ou du Missouri, toujours au cul des vaches, à vous regarder de loin, en plissant les yeux. Larry est un grand manipulateur, mais qui fonctionne de manière binaire. *Dans la vie, mon gars, il y a ce qui rapporte et ce qui ne rapporte pas...*

Manipulateur + binaire = redoutable efficacité.

Son diplôme de management en poche, Laurence Douglas Fink traverse le pays et devient directement chef du département des crédits immobiliers de la First Boston à New York. Très vite, il cartonne en vendant des créances hypothécaires titrisées. Le succès de ces produits financiers, alors innovants, repose sur des reventes en cascade de crédits immobiliers. Ils provoqueront vingt ans plus tard la crise des *subprimes*. Grâce à eux, Larry flambe et grimpe dans la hiérarchie de la banque, sans se douter de la catastrophe à venir...

Attardons-nous un peu sur le sujet. Ces produits innovants reposaient sur une compilation de créances hypothécaires plus ou moins solides. Imaginons que vous investissiez dans l'immobilier en faisant des emprunts garantis par les immeubles que vous achetez. Vous avez investi dans différentes villes, de New York à Détroit en passant par Sun City, une ville autogérée et bunkérisée de l'Arizona pour seniors.

À Sun City, trente-huit mille habitants, le modèle est déclinant. Les vieux ont fini par s'emmerder. Tous ou presque sont vendeurs et ne trouvent personne pour racheter leurs biens. À Détroit, on ne construit plus de voitures, on ne fait plus de business, l'immobilier s'effondre. Heureusement, à New York, on achète encore un peu des penthouses de luxe. Imaginons que j'aie un appartement à proximité de la Trump Tower. Je vais titriser, regrouper tous mes actifs immobiliers – ma maison invendable à Sun City, mon immeuble pourri à Détroit et mon penthouse new-yorkais – en une seule entité. Puis je vends des parts de ce qui devient un fonds. Un montage véreux. Une daube. Mon immobilier est devenu liquide, et je peux m'en débarrasser.

Les maisons de Détroit tombent en ruine. Les vieux meurent sans avoir remboursé leurs villas de rêve. Sun City devient Death Valley. Pourtant, les titres d'hypothèques continuent à se vendre comme des patates chaudes. Le retour à la réalité sera cruel. Et la dette hypothécaire se creuse, mais elle reste cachée par de nombreux investisseurs. En 2006, le premier à avoir vu et compris l'ampleur du désastre à venir est un petit analyste financier, Michael Burry, grâce à ses prédictions justes – et malgré le dénigrement des financiers de Wall Street. Nous le retrouvons aujourd'hui, car, quatorze ans après avoir alerté sur la crise des *subprimes*, il nous met en garde contre le cataclysme financier que risquent d'engendrer le gigantisme et les stratégies hasardeuses de Larry Fink avec BlackRock.

En 1987, signe avant-coureur de la crise de 2008, Larry a fait une indigestion de daubes. La perte de valeur des actifs immobiliers était largement supérieure à ce que les spécialistes appellent le « *hair cut* », l'apport minimal pour un achat à crédit. En France, la « coupe de cheveux » est en général d'au moins 30 %. Ainsi, le banquier qui a une hypothèque et a le droit de vendre 100 % du bien peut se rembourser, même si le marché baisse de 30 %. Aux USA, ce matelas de sécurité est beaucoup moins important et, s'il n'y a plus que des vendeurs, les banquiers peuvent y laisser leur chemise. C'est un peu ce qui est arrivé à Larry. Circonstance aggravante pour lui, la banque centrale américaine, la Fed, voyant poindre ces difficultés de remboursements immobiliers, baisse subitement ses taux d'intérêt pour éviter un krach, provoquant la revente massive de crédits. Larry n'a rien vu venir. Il fait perdre en une seule journée 100 millions de dollars à la First Boston. Échec cuisant et mémorable. Il connaîtra les joies du placard avant de quitter ce boulot de trader. Et de monter ce qui deviendra BlackRock.

Peu importe sa dimension, la probabilité qu'un actif monte ou descende reste toujours d'une chance sur deux. Quand un phénomène extraordinaire perturbe l'équilibre et les certitudes des financiers, comme un papillon qui bat des ailes sans crier gare et provoque une réaction en chaîne, ces financiers, généralement des traders arrogants et plein d'assurance, sont comme deux ronds de flanc. Il leur fallait mettre des mots pour masquer leur ignorance, histoire de ne pas trop perdre la face. Les traders ont baptisé « leptokurtique » cet enchaînement imprévu. Un nom barbare utilisé par Larry et les BlackRockers pour nous enfumer par des mots savants, et ne pas expliquer pourquoi leur stratégie a merdé et pourquoi vous avez perdu toutes vos économies.

Cet échec survenu tôt – il a trente-trois ans – forge chez lui une conviction : pour réussir dans la finance, il est nécessaire de prévoir l'avenir et donc de limiter les risques leptokurtiques. D'où son obsession du calcul prévisionnel.

Et cette assurance qui a fini par se dégager de sa personne. « Larry Fink, c'est le gars qui vous fait croire que n'importe quel phénomène vivant peut être mis en équation », m'a confié un gestionnaire de fortune interrogé dans le cadre de ces recherches.

Si on réfléchit à ce parcours, BlackRock fonctionne au départ comme une grosse banque provinciale du Midwest. Limitons les risques, surtout pas de folies. Larry est très doué, très précautionneux, mais il ne pouvait pas prévoir le succès gigantesque de son intuition. Au départ, dans sa tête de paysan, BlackRock était sans doute une sorte de grand centre commercial pour banquiers. Un hub, dont il serait le taulier. Pas cette machine folle, condamnée à grossir et à s'étendre pour survivre. Qui aurait pu imaginer un *machin* et un destin pareils ?

La sophistication technique, la création d'une intelligence artificielle unique au monde, n'étaient pas censées fonctionner aussi bien. Quand on lit les premières publicités pour les produits financiers portées par BlackRock, on se dit que son assurance affichée, au sujet des retours sur investissement reposant sur des algorithmes diaboliques, ressemblait à du vent. Du pur baratin de cow-boy aux yeux plissés.

Vingt ans plus tard, on est dans un scénario à la *Black Mirror*, la série d'anticipation de Channel 4 reprise par Netflix. Larry a créé un monstre qui le dépasse. BlackRock va bientôt toucher des marges même infimes sur pratiquement toutes les transactions boursières de la planète. Et, grâce à Aladdin, Larry est informé en temps réel sur l'état financier de tous ses clients et utilisateurs.

Il a accès à la matrice du capitalisme. Il peut lire tous les bilans de pratiquement toutes les sociétés du monde. Il sait ce qui se joue entre concurrents. Il peut ainsi privilégier l'un ou l'autre dans le plus grand secret.

Il est le dieu vivant du capitalisme.

Rien que ça ?

Non, pire encore.

3.

Tout est parti d'un appel de Florent Massot. Il était 22 heures. J'étais chez mon père pour notre première rencontre post-confinement. D'habitude, Florent m'appelle à des heures plus raisonnables. Il avait la voix lasse. Il n'a pas osé me donner la raison de son appel tout de suite, a pris des nouvelles, mais je sentais que quelque chose clochait.

C'était à propos de la préface que je lui avais rendue une semaine plutôt. J'avais sué pour lire, comprendre et écrire quelques pages intelligibles à propos d'un gros bouquin sur BlackRock sorti quatre ans plus tôt. Le seul livre édité au monde sur la firme new-yorkaise et son fondateur[6]. J'ai une histoire particulière avec cette firme au nom de groupe de heavy metal et son patron Larry Fink. Cela fait plus de dix ans que je les suis à la trace. Ainsi que Vanguard, State Street, les frères Koch, Merrill, Goldman et Lloyd Blankfein ;

---

6 — Heike Buchter, *BlackRock, une puissance secrète s'empare de votre argent*, Campus, 2016, Massot Éditions, 2020.

bref, tous les champions américains de la finance. J'avais appelé Florent quelques mois plus tôt, après avoir vu un film sur Arte[7], pour l'alerter sur le sujet, avec l'opportunité de publier un livre en français. Nous étions en plein débat sur la réforme des retraites voulue par Emmanuel Macron. Et Larry Fink, champion du monde toutes catégories de la retraite par capitalisation, lorgnait sur les placements potentiels des retraités français.

J'avais finalement pondu une préface qui se tenait, content et soulagé de mes vingt-et-un feuillets, car le livre n'attendait qu'elle pour partir à l'impression[8]. Se fondant sur les explications de la journaliste, la chute évoquait l'augmentation de la pauvreté comme seule issue à la stratégie de Larry : « Larry veut nous fourguer ses assurances retraite, oubliant que les Américains, tout en allongeant la durée du temps de travail, ont perdu 30 % de leurs retraites depuis la crise de 2008 et l'accentuation de la mainmise des sociétés d'investissement comme BlackRock. Le fait que Fink invite à considérer ce risque de façon détendue relève du cynisme. L'attaque contre les systèmes de retraite est le Grand Œuvre de Larry Fink. BlackRock est le bras armé qui vise à détruire partout l'État social. [...] Larry Fink maîtrise parfaitement l'art d'ignorer les pauvres. Et de les rendre encore plus pauvres. »

Le bouquin raconte la montée en puissance du fonds d'investissement qui possède aujourd'hui des parts dans

7 — « BlackRock, ces financiers qui dirigent le monde », première diffusion sur Arte en septembre 2019.

8 — Voir annexe 1.

des dizaines de milliers de sociétés partout à travers le monde. Et en France, où BlackRock possède 5 % d'une vingtaine de sociétés du CAC 40[9] et où Larry a son rond de serviette à l'Élysée. Heike Buchter, la journaliste allemande, correspondante de *Die Zeit,* auteure du livre sorti uniquement en Allemagne, n'est pas écrivaine ni romancière. Elle essaie d'être pédagogue dans son ouvrage, mais souvent, ses longs chapitres sur la pratique des *hedge funds* et sur les ETF – *Exchange-Traded Funds* – littéralement les « fonds négociés en Bourse », sont compliqués à digérer. C'est ce que j'ai tenté de faire dans ma préface. En me payant un peu la tête de Larry. C'était de bonne guerre.

Expliquer la finance est un exercice fastidieux, qui demande d'abord de la comprendre. Le bouquin d'Heike Buchter avait le grand mérite de nous faire entrevoir la mécanique interne de BlackRock et de brosser – en creux – le portrait de son mystérieux boss. Comme tout être humain mortel âgé de soixante-huit ans qui voit les années passer, Larry Fink ne sera peut-être plus aussi puissant dans une dizaine d'années. Un jour, un autre prendra sa place, mais il n'est pas du genre à passer la couronne ni à lâcher la rampe. Il gardera assurément un œil et une main sur BlackRock.

Donc, j'écris cette foutue préface. J'en suis content. Je la balance à Florent. Il est ravi. Il la balance à sa cheffe d'édition, elle est ravie. Elle la balance à l'avocate qui n'est

9 — Schéma des investissements en France, https://graphseobourse.fr/blackrock-les-participations-du-fonds-dinvestissement-dans-le-cac-40/ ; https://www.nouvelobs.com/economie/20170628.OBS1352/larry-fink-je-vois-une-europe-forte-dans-les-annees-qui-viennent.html

pas ravie (les juristes qui bossent pour les maisons d'édition font souvent la gueule, car je leur donne beaucoup de travail). L'avocate assure pourtant que ma préface n'est pas diffamatoire. Sans me pousser du col, j'ai une relative expérience en matière de diffamation et je fais attention quand j'écris à ne jamais franchir la ligne jaune de l'injure ou de la diffamation. Ça ne nous immunise pas contre les plaintes, mais ça nous donne une bonne chance de ne pas perdre trop d'argent en cas de procès. Tout allait bien jusqu'au coup de téléphone de Florent...

— Voilà, me dit-il, il m'arrive un truc dingue...

Je me dis qu'il a peut-être décroché une exclusivité avec le dalaï-lama et qu'il veut que je l'accompagne pour filmer une retraite au Tibet ? Ou qu'Emmanuel Macron vient de lui passer un coup de fil pour proposer sa concupiscente confession et qu'il veut que je fasse le nègre ?

Mais ce n'était pas ce qui préoccupait Florent, je l'avais deviné :

— Larry Fink veut nous voir parce qu'il apprécie modérément que je me moque de lui dans ma préface ?

— C'est presque ça, répond Florent. BlackRock est plus puissant que tu le pensais. Ils ne veulent pas de ta préface...

— Tu déconnes...

— Non, les Allemands coincent sur ce que tu as écrit...

L'éditeur allemand de *BlackRock, une puissance secrète s'empare de votre argent*, alerté par l'auteure Heike Buchter, refusait que mon texte, dont ils étaient prévenus de longue date, figure en ouverture de l'ouvrage. Ma préface n'enfreignait aucune règle de droit, pourtant elle ne leur convenait pas.

— Ils disent que tu vas trop loin. Heike est mal à l'aise avec ta vision de BlackRock. En gros, ce que tu écris ne lui plaît pas et lui fait un peu peur…

Il y a eu un blanc. J'ai dit spontanément à Florent que ce n'était pas si grave.

— Ce n'est pas la mort. J'ai perdu une semaine. Et j'ai lu un bon livre. Enfin, pour être vraiment honnête, le bouquin était quand même un peu chiant…

— Ils ont aussi contacté BlackRock et les avocats s'en sont mêlés, a ajouté Florent. L'agente dit que ça va s'arranger. J'espère, mais je ne suis pas sûr. C'est un peu étrange, ce revirement.

Florent et moi avons immédiatement, sans nous concerter, pensé à la même chose. Ce n'était pas de moi ni de mes mots qu'Heike avait peur, mais de BlackRock. L'histoire devenait néanmoins intéressante. C'était une démonstration frappante du pouvoir de cette firme omniprésente sur la planète financière. Et le signe que nous avions tapé dans le mille. Si la réédition du livre d'Heike Buchter et de sa minuscule préface (vingt-et-un feuillets quand même, *running gag*[10] !) était passée comme une lettre à la poste, c'eût été presque décevant. Florent voulait comprendre pourquoi les Allemands avaient changé si soudainement de cap. La journaliste et son éditeur subissaient-ils des pressions ? Était-ce un stress de dernière minute et un phénomène d'autocensure ? Ce soir-là, nous n'en savions rien. Florent était dépité. Moi, moins, et mon père s'impatientait.

— On verra demain, Florent…

---

10 — Cf. annexe 1.

4.

On venait de terminer le foie gras, et il avait fait cuire deux steaks avec des petits pois Cassegrain qui devenaient tout secs. Une pensée de Machiavel me trottait dans la tête : « Gouverner, c'est mettre vos sujets hors d'état de vous nuire et même d'y penser. »

BlackRock, si énorme, si monstrueux, si bardé d'avocats, de communicants, de juristes, avait créé une tension psychologique chez les journalistes qui les empêchaient sans doute de penser à nuire. Genre « s'attaquer à Larry Fink, n'y pense même pas ».

C'est précisément ce que me dira quelques semaines plus tard un copain inquiet de me voir écrire sur le sujet.

Derrière mon père, une télévision Samsung – écran plat, dernier cri – recensait les morts connus du Covid : le chanteur Christophe, l'homme politique Patrick Devedjian, l'ex-président de l'OM, Pape Diouf. Et mon père se lamentait : « Tous des types bien… Si ça se trouve, même Raymond Poulidor est mort de cette saloperie », plaidait-il, sans que je cherche à le contredire.

Depuis que ma mère est partie, j'essaie de déjeuner ou de dîner régulièrement avec lui. On ne refait pas le monde. Je l'écoute me raconter le sien qui se limite souvent aux morts encombrant ses souvenirs, à sa solitude et à ce que lui raconte la télévision. Et elle en raconte. Mon père est une cible parfaite pour son assureur, son banquier, sa mutuelle, son opérateur téléphonique. La télévision fait partie intégrante de sa vie. C'est une Samsung de 135 centimètres de diagonale. Il est abonné à Canal Sat pour 79,90 euros par mois et a une flopée de chaînes à disposition. Mon père, comme de très nombreux octogénaires, s'est fait fourguer l'abonnement *all inclusive* et ne sait plus comment s'en défaire. Bolloré se paie des yachts grâce à ces abonnements. Mon père peut se taper des chaînes de cuisine algérienne, de windsurf, de yoga, Canal Frisson, Canal Polar, Canal Adult only, des chaînes de golf, de kung-fu, de méditation, d'apprentissage du perse et du mandarin alors que son univers télévisuel se concentre essentiellement sur les informations qu'il regarde en boucle sur LCI, BFM, CNews, les journaux du soir sur France 2 ou TF1 et le journal de France 3 Lorraine. La vie de mon père est rythmée par les fils d'actualité.

J'ai dû lui expliquer comment capter les matchs de foot sur BeIN Sport, qu'on regarde parfois en mangeant du foie gras et du gruyère. On siffle ses dernières bouteilles de pomerol. Généralement, passée la première, quand il veut ouvrir la seconde, je lui dis non, car j'ai de la route à faire. Et puis, à la mi-temps, je change d'avis. On a nos habitudes. Mon père doit passer environ huit heures par jour, de l'automne et jusqu'au début du printemps, devant sa télévision. Elle entretient avec lui une relation particulière.

Le printemps et l'été, il réduit sa consommation de moitié et passe du temps dans son jardin.

Mon père est un bon laboratoire de l'influence de BlackRock sur les cerveaux et les comportements humains. Malgré ses quatre-vingt-cinq ans, il a l'esprit vif, s'intéresse à la vie politique, un peu à la Bourse. Il touche une bonne retraite qui comble largement ses besoins, possède une assurance vie, dont il craint – crise oblige – qu'elle ne finisse siphonnée par les banques en faillite. Même si cela ne le concerne plus, il est inquiet de voir ressortir la retraite par capitalisation que cherchent à faire passer, malgré le virus, Emmanuel Macron, Édouard Philippe, la droite libérale, les *emmarcheurs* et Larry Fink.

— La population vieillit, c'est normal que les jeunes travaillent plus que nous. Finalement, on a été une génération de privilégiés, confesse mon père, répétant ainsi ce que lui ont expliqué, à longueur de débats, les chroniqueurs de BFM, LCI ou CNews.

Chroniqueurs = gros niqueurs.

Je sais, c'est limite, facile et vulgaire, mais il est tard.

Et c'est mon livre, je fais ce que je veux.

OPPENHEIMER FUNDS
JOHN P. CALAMOS
STANDARD & POOR'S
TUE
FITCH
CAPITAL WORLD INVESTOR
FLASH TRADING
SMITH

5.

Sur le chemin du retour, en lâchant trois euros de péage à Vinci, puis en prenant de l'essence sous le ciel étoilé, j'essayais de trouver, ici, pas très loin de Metz (petite tache sur le planisphère), un endroit sur lequel BlackRock et Larry Fink n'avaient pas de prise. Son hydre devenue tentaculaire possédait plus de 5 % de Vinci (le péage), d'Engie (l'énergie) et de Samsung (la télé), avait des billes dans Ariane (les fusées), Eutelstat (le satellite), travaillait avec des chercheurs de la Nasa et de Google sur des robots capables de voyager dans l'espace, avait investi dans les produits laitiers (le fromage que nous avions mangé), l'élevage de bovins, les petits pois-carottes Cassegrain (BlackRock a des parts dans la maison mère Bonduelle), le vin – surtout les grands crus dans lesquels BlackRock pousse ses clients à investir. BlackRock a même participé à la publication en janvier 2018 d'une étude visant à prendre des participations (leurs fameux ETF) dans les grands crus de Bourgogne et du Bordelais.

Je continue.

BlackRock détient près de 5% dans Vivendi, maison mère de Canal et de CNews, Bouygues, maison mère de TF1 et LCI. Un fonds koweïtien investi dans BeIN est actionnaire de BlackRock. Même la voiture que je conduisais ce soir-là – ma vieille Jaguar – appartenait à plus de 5%, *via* Tata Motors, à BlackRock. J'aurais roulé en Peugeot, en Renault ou en Volkswagen, c'était pareil. *Idem* pour l'essence de mon réservoir. BlackRock possède plus de 5% de Total[11].

Depuis l'élection d'Emmanuel Macron, Larry est venu à plusieurs reprises à l'Élysée. La dernière fois, c'était en janvier 2020 pour l'opération «Choose France»: après le Brexit, les *emmarcheurs* – Emmanuel Macron en tête – redoublent d'énergie pour faire venir les investisseurs étrangers. Le rapport de BlackRock sur l'épargne retraite a sérieusement influencé la macronie et Bruno Le Maire, avec qui Larry a dîné à New York en juin 2017, juste après l'annonce de la rupture avec l'Angleterre.

En posant la question: «Pourquoi BlackRock est-il aussi puissant en Macronie?», le journal *Marianne* est un des premiers à s'attaquer au problème épineux – et largement ignoré par les médias – de l'influence de Larry et de sa clique à l'Élysée[12]. Nicolas Sarkozy donnait des conférences clinquantes à 100 000 dollars pour Lloyd Blankfein et Goldman Sachs à Londres et à New York. Larry Fink est moins balourd

---

11 — https://graphseobourse.fr/blackrock-les-participations-du-fonds-dinvestissement-dans-le-cac-40/
https://www.nouvelobs.com/economie/20170628.OBS1352/larry-fink-je-vois-une-europe-forte-dans-les-annees-qui-viennent.html

12 — *Marianne*, le 9 janvier 2020.

quand il s'agit de remercier ou d'approcher les politiques. Emmanuel Macron et François Hollande, l'homme qui voulait s'attaquer à « son ennemi, la finance[13] », sont des proies faciles pour BlackRock. Larry embauche Jean-François Cirelli pour le représenter à Paris. Cirelli, l'ancien patron de Gaz de France, venait de vendre, sous Sarkozy, un joyau du service public (le gaz, la chaleur des pauvres) à Suez et à Albert Frère. Il était le candidat idéal pour ce job de facilitateur et de bras armé du fonds d'investissement en France.

Mathias Thépot, le journaliste de *Marianne*, a interviewé Michel Sapin, ex-ministre des Finances qui confie son flirt énamouré avec Larry, *légende vivante* côtoyée lors des réunions du « conseil de compétitivité » à la Commission européenne de Bruxelles : « Larry Fink fait partie de ceux qui formatent l'opinion de ce petit monde assez manichéen des décideurs économiques. C'est une personnalité impressionnante », glisse Michel Sapin non sans laisser entrevoir une certaine admiration. « Surtout, son discours sur l'attractivité économique d'un pays pèse », rappelle ce proche de l'ancien chef de l'État, François Hollande.

Marianne raconte que le gouvernement de François Hollande « se coupe en quatre » pour attirer l'attention de BlackRock, dont le patron attend d'un président qu'il fasse les « réformes favorables aux entreprises ».

---

13 — En référence à son discours du Bourget le 25 janvier 2017, qui apparaît baroque aujourd'hui : « Dans cette bataille qui s'engage, je vais vous dire qui est mon adversaire, mon véritable adversaire. Il n'a pas de nom, pas de visage, pas de parti, il ne présentera jamais sa candidature, il ne sera donc pas élu, et pourtant il gouverne. Cet adversaire, c'est le monde de la finance. »

« Et sur ce point, on peut dire qu'Emmanuel Macron, pour qui l'attractivité de la France pour le monde de la finance est un marqueur politique, n'a pas lésiné sur les moyens. En plus d'avoir baissé la fiscalité du capital et lancé les réformes du marché du travail, de l'assurance chômage, de la santé et des retraites, il entretient des contacts réguliers avec Larry Fink », poursuit *Marianne*.

Le grand patron est ainsi reçu plusieurs fois à l'Élysée et à Matignon dès l'élection d'Emmanuel Macron, fin mai 2017, avant que les représentants de l'association française des gestionnaires d'actifs n'y soient conviés. *Welcome Larry*. Le nouveau président « met tout en œuvre pour montrer au géant de Wall Street que la France, explique *Marianne*, n'est plus ce pays réputé réfractaire aux réformes économiques d'obédience libérale. Rapidement, le travail de séduction d'Emmanuel Macron paie. Larry Fink appelle les investisseurs internationaux à soutenir la France ».

Grâce à ces liens resserrés entre Emmanuel Macron et Larry Fink, la dette française détenue par BlackRock double en un an pour atteindre 32 milliards de dollars. Larry achète aussi des actions pour près de 100 milliards dans les sociétés du CAC 40. Tout se tient. Tous se tiennent.

BlackRock est partout. En vingt ans, aucune multinationale au monde n'a eu une telle expansion. Et une telle emprise sur nos vies.

Les livres naissent parfois d'une colère, d'une incompréhension. D'un danger qu'on voit poindre à l'horizon, d'une sensation et d'informations qu'on aimerait partager.

Fin 2019, BlackRock gère en direct un portefeuille de 7429 milliards de dollars d'actifs financiers. De plus,

21 000 milliards de dollars sont administrés indirectement par BlackRock grâce à son logiciel Aladdin, utilisé par les plus grands gestionnaires d'actifs du monde, y compris Vanguard, le numéro 2 du secteur et grand « rival » (et actionnaire) de BlackRock[14].

Le chiffre d'affaires de BlackRock est alors de 14,5 milliards de dollars et ses bénéfices de 4,5 milliards de dollars. Ce ratio entre chiffre d'affaires et résultat est deux fois supérieur aux standards du secteur, faisant de BlackRock une machine à cash dans un domaine qui ne l'est plus depuis longtemps[15].

BlackRock est une anormalité.

Même si BlackRock n'a pas le statut de banque (et fait tout pour ne pas l'avoir afin d'échapper au contrôle bancaire), le mégafonds de Larry Fink est devenu la « simili banque » des marchés financiers. La différence étant que BlackRock ne risque pas l'argent de ses actionnaires, seulement celui de ses clients. Un tour de passe-passe géant.

Pile, BlackRock gagne. Face, ses clients perdent.

Pile, je gagne ; face, tu perds : c'est une blague de bonimenteur.

Le bonimenteur doit persuader, convaincre, entraîner. Pour trouver une bonne définition du boniment, il faut aller chercher du côté du meilleur d'entre les bonimenteurs, le magicien Jean-Eugène Robert-Houdin qui énonce : « Le

14 — Pour rendre la situation encore plus complexe, notons que Vanguard était, fin 2019, avec 5,19 % de parts, un des plus gros actionnaires de BlackRock.

15 — Microsoft, Apple, Facebook et de nombreuses entreprises de la tech ont ces mêmes niveaux de profitabilité.

boniment est une fable destinée à donner à chaque tour d'escamotage l'apparence de la vérité... »[16]. Sans aller chercher si loin, l'encyclopédie Wikipédia en donne une définition intéressante, qui fait immédiatement penser à Larry et à la manière dont il crée ses illusions en nous racontant les « bonnes histoires » de BlackRock : « Un "bonimenteur" est une personne qui utilise la parole en affirmant des qualités qui séduisent, accentuant certaines pour tromper le public, généralement pour vendre des produits ou des services, des choses ou des idées. Il donne à des illusions un caractère authentique et contourne les possibilités de clarification en usant de supercherie. »

La firme montée par Larry Fink s'apparente à un super opérateur. L'opérateur des opérateurs. Le pourvoyeur en valeurs d'un Monopoly géant où, quoiqu'il arrive, tout le monde passe à la caisse...

Sauf qu'en principe, la banque du Monopoly est neutre vis-à-vis des joueurs. Depuis sa création, la multinationale s'en remettait au vote des actionnaires majoritaires et des présidents des conseils d'administration des sociétés où elle investissait. Ce n'est plus le cas. La firme, nous le verrons, se paie de tous les côtés et modifie les règles du jeu en fonction de ses intérêts, qui ne sont pas forcément ceux de ses clients. Et ces intérêts sont parfois même contradictoires. Ils en ont tellement, des clients et des intérêts, qu'on finit pas s'y perdre. Comme dans un tour de Robert-Houdin, c'est sans doute le but du jeu.

---

16 — *Comment on devient sorcier*, Omnibus, 2018.

La taille et les positions dominantes de BlackRock outrepassent celles des autres acteurs des marchés financiers.

Avec pour effet principal, cet ultimatum tacite : soit tu es avec BlackRock, soit tu es contre. Tu es avec parce qu'on te fait croire que tu gagnes et que tu vas gagner de l'argent en les laissant faire. C'est d'ailleurs pour cela que tu soutiens la firme. L'espoir de tranquillement gagner de l'argent, en payant un minimum de frais. Et effectivement, tu gagnes souvent, mais à la fin du jeu, il est hautement probable que tu perdes.

Je reconnais que c'est (un peu) abrupt, mais je vais affiner cette assertion. C'est un de mes objectifs.

Attachez vos ceintures...

6.

Dans les jours qui suivent, Florent insiste auprès de l'éditeur et de l'auteure du livre pour qu'ils nous disent ce qui coince dans la préface. Il propose, avec mon accord, que je la modifie. Mais il n'obtient aucune explication. L'agente, qui a servi d'intermédiaire pour l'achat des droits du livre allemand, finit par lui transmettre une réponse de l'éditeur allemand Campus qui propose que mon texte soit utilisé en commentaire « séparé ». Même s'il juge mon propos « très bien », l'éditeur pense que ce ne serait pas bénéfique pour Heike Buchter, ni pour moi de figurer dans le même ouvrage car nos approches seraient différentes.

L'éditeur ajoute qu'une citation à mettre sur la couverture du livre, serait suffisante. Il suggère également que je réécrive une nouvelle très courte préface de une à deux pages, expliquant pourquoi le livre d'Heike Buchter est intéressant pour les lecteurs français. Il insiste sur le fait que tout doit être, au préalable, relu et validé par Heike Buchter.

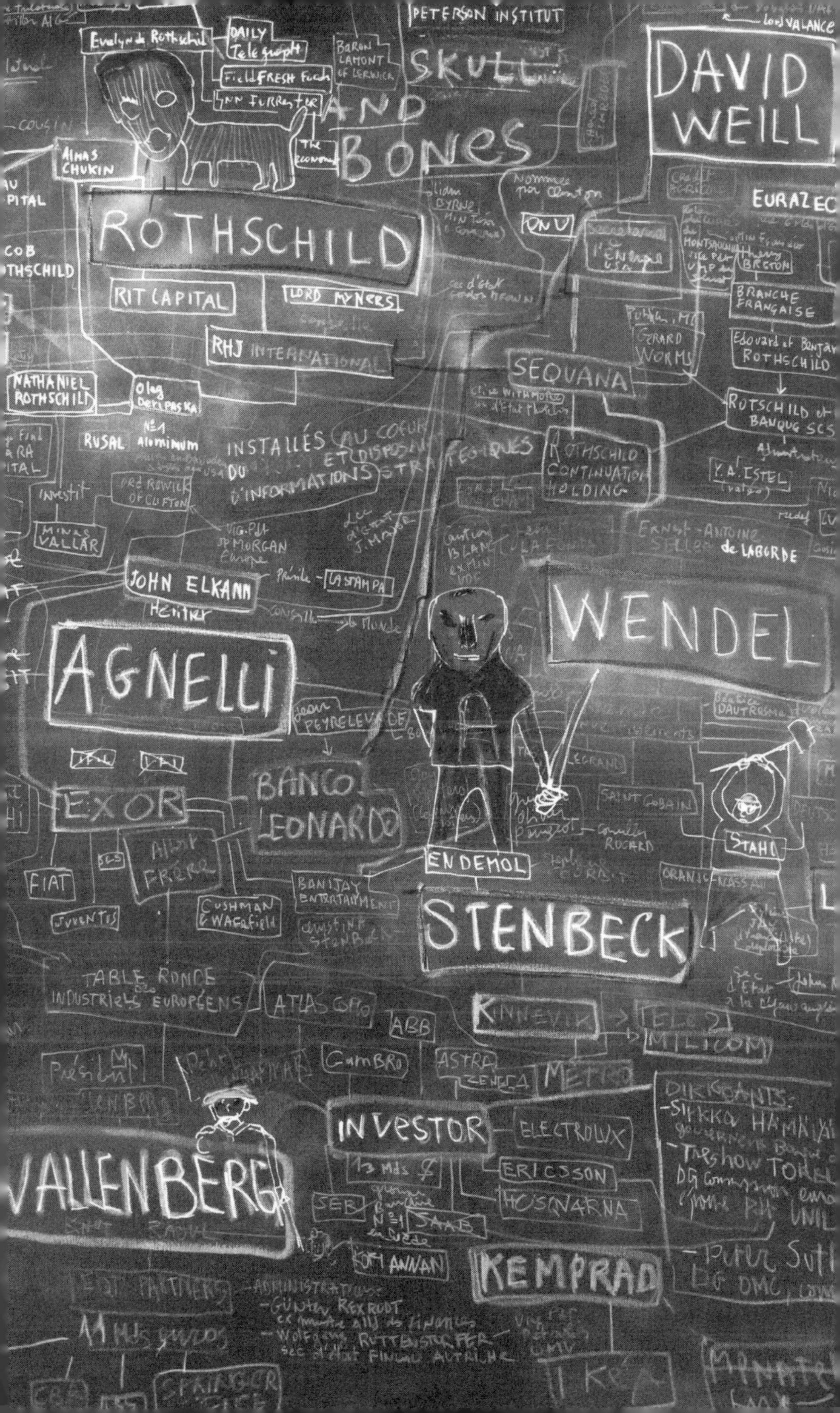

PETERSON INSTITUT
Evelyn de Rothschild
DAILY Telegraph
BARON LAMONT OF LERWICK
SKULL AND BONES
DAVID WEILL
ROTHSCHILD
RIT CAPITAL
LORD MYNERS
RHJ INTERNATIONAL
NATHANIEL ROTHSCHILD
Oleg Deripaska
RUSAL
ONU
EURAZEO
BRANCHE FRANÇAISE
Edouard et Benjamin ROTHSCHILD
SEQUANA
GERARD WORMS
ROTHSCHILD CONTINUATION HOLDING
INSTALLÉS AU COEUR DU ... ET DISPOSANT D'INFORMATIONS STRATÉGIQUES
JOHN ELKANN
LA STAMPA
de LABORDE
WENDEL
AGNELLI
EXOR
BANCO LEONARDO
FIAT
Juventus
ENDEMOL
SAINT GOBAIN
STAHL
STENBECK
TABLE RONDE DES INDUSTRIELS EUROPÉENS
ATLAS COPCO
ABB
KINNEVIK
MILLICOM
GAMBRO
ASTRA ZENECA
INVESTOR
ELECTROLUX
ERICSSON
HUSQVARNA
WALLENBERG
SEB
SAAB
KOFI ANNAN
KEMPRAD

Alors que ma préface a été relue et validée par l'avocate de Florent, l'éditeur craint notre vulnérabilité face à la puissance de BlackRock et révèle sans doute la véritable raison du recul allemand : la peur d'une action en justice contre le livre du fait -entre autres- de la préface. Heike Buchter, elle-même, enfonce le clou : « BlackRock a attendu des années pour qu'on lui présente un flanc aussi ouvert. Ils vont nous écraser si vite que nous n'aurons aucune chance de nous en sortir » écrit-elle.

Ils vont nous écraser si vite que nous n'aurons aucune chance de nous en sortir...

On est bien ici dans le registre de la peur, de la menace. Et de la liberté d'expression.

N'est-ce pas notre devoir et la raison d'être de nos métiers que de résister à ce qui menace de nous écraser ?

Florent avait proposé qu'une de mes toiles figure en couverture du livre ou en illustration à l'intérieur. Dans ces travaux anciens qui ont déjà été exposés et n'ont jamais posé de problèmes, je tisse des liens entre banques, multinationales et fonds d'investissement. Là, l'éditeur et l'auteur haussent le ton et atteignent avec une vitesse sidérante le point Godwin. Ils posent leur véto indiquant que mes toiles peuvent laisser penser à (mon) adhésion à des théories « de conspiration ». Ils craignent qu'on leur reproche, si une de mes toiles apparaît en couverture « des sous-entendus antisémites ». Heike prend la plume et charge un peu plus la barque. Elle rejette cette idée d'illustration « avec véhémence non seulement pour des raisons juridiques mais aussi pour des motifs très personnels». Elle ne souhaite donc pas non plus que le lien vers le site (de la galerie exposant les toiles) figure dans le livre.

Florent répond le lendemain, sans que nous en parlions, qu'en cas de procès en France, l'éditeur était en première ligne et qu'Heike Buchter n'avait aucune crainte à avoir, il prendrait en charge l'intégralité des frais de justice. Il propose d'ajouter une mention précisant que la préface n'engage que son auteur et lui-même. « Une préface doit donner envie de lire le livre mais n'est pas forcément un faire-valoir pour l'auteur. J'ai mille exemples de préfaces qui ne sont pas calquées à 100 % sur la thèse de l'auteur et ouvrent sur autre chose ou se démarquent si vraiment c'est le fond du problème » écrit-il.

Florent me tient à l'écart de ces courriers. Il a sans doute eu raison. Les échanges se sont poursuivis tout le mois de mai. L'agent prend le relais de l'éditeur allemand et d'Heike Buchter qui, visiblement agacée, refuse tout contact. Au-delà de la préface, alors que le manuscrit réactualisé avec des informations nouvelles, a été validé, la journaliste et son éditeur souhaitent relire la traduction française et demandent un nouveau délai.

C'est tendu, car chacun reste arc-bouté sur ses positions.

Fin mai, un nouveau message arrive, signé de l'agente qui demande d'abandonner l'idée d'inclure une préface, « même retravaillée », dans le livre. Ni l'auteure ni l'éditeur allemands pensent, même si je fais des efforts de réécriture, que nous parviendrons à rédiger une préface avec laquelle ils se sentiront « à l'aise ». Nos approches seraient trop éloignées. Néanmoins, ils sont ennuyés car ils aimeraient quand même que je participe au lancement de leur livre. Ils suggèrent que ma préface soit utilisée comme article promotionnel dans un média et assurent regretter cette situation.

« So sorry ! » conclut la missive.

Et nous donc.

L'agente fait comprendre à Florent qu'Heike a une famille et un job de journaliste financière, qu'elle vit à New York et qu'elle n'est pas prête à perdre statut et notoriété pour une préface. L'argument se tient. On est au cœur d'une problématique centrale dans nos métiers. De plus en plus centrale, compte tenu de l'état des forces en présence. Je suis bien placé, vu mon passif de dix années de combat contre Clearstream, pour savoir que même si on gagne, les procédures judiciaires lancées avec des budgets illimités ne visent qu'à épuiser le journaliste et son éditeur. Moralement et financièrement. Je ne blâmerai jamais un journaliste ou un éditeur qui renoncent et font un choix inverse au mien.

Je me suis suffisamment expliqué là-dessus. Les avocats et les communicants de Clearstream ont régulièrement évoqué, dans les tribunaux ou les médias ma folie, ma volonté de détruire le capitalisme (sic), mon obsession à les combattre, ma détestation du Luxembourg. Rien de plus faux. Je ne suis militant de rien d'autre que de l'écriture, de l'éthique et... de la vérité. La mienne en tout cas. Je retrouve avec BlackRock des sensations semblables à celles que j'avais avec Clearstream. Le scandale n'est pas le même. C'était paradoxalement plus simple de démontrer, sur la base de documents et de témoignages, le double-jeu et les comptes cachés et la dangerosité de la chambre de compensation luxembourgeoise.

Dix ans se sont écoulés. L'univers financier s'est complexifié. Les robots traders se sont généralisés. La vitesse des transactions a accéléré. Leurs montants ont gonflé. L'intelligence artificielle s'est perfectionnée. Leurs montants ont explosé. Tout se résume à du trading de haute fréquence et à des algorithmes.

Les banques systémiques ont encore grossi, mais restent fragiles et interconnectées. Paradoxalement, la valeur des banques, c'est-à-dire leur capitalisation boursière, s'est effondrée. BlackRock a beau posséder 6,5 % de la Société générale, cette dernière ne vaut plus grand-chose. Elle a perdu 65 % de sa valeur en dix ans. Elle ne pèse que 10 milliards d'euros, et plus personne ne lance d'OPA sur elle. C'est presque une humiliation. Les banques centrales voient leur influence grimper. La planche à billets fonctionne. La bulle spéculative enfle. Dans ce marasme ambiant et dérégulé, BlackRock joue la partition de Larry Fink. Les investissements de la firme gagnent du terrain partout. Larry veut la rendre indispensable, légale et inatteignable.

Le fonds d'investissement BlackRock a ceci en commun avec la chambre de compensation[17] Clearstream – outre que tous deux brassent et conservent sur leurs comptes des trillions d'euros – qu'ils sont en roue libre. Leur gigantisme, leur

17 — Organisme financier pratiquant la compensation bancaire, enregistrant – par des jeux d'écritures comptables – les transactions financières entre banques, sociétés offshore, sociétés de capital-investissement et institutions. Euroclear et Clearstream sont les deux chambres de compensation internationales, basées à Bruxelles pour la première et à Luxembourg pour la seconde, qui organisent et enregistrent le commerce interbancaire international. Elles sont, selon l'aveu d'un ancien président de Clearstream, les « notaires du monde ». Mon enquête a démontré que Clearstream a utilisé des comptes non publiés pour créer et animer une finance parallèle incontrôlable et incontrôlée.

technicité les ont rendus matériellement incontrôlables. L'organe et ses automatismes ont pris le pas sur la capacité humaine à intégrer toutes les données.

« Ce n'est pas la technique qui est toxique en soi, c'est notre incapacité à la socialiser correctement », nous met en garde Bernard Stiegler[18]. C'est exactement de ce paradigme qu'il s'agit.

En me relisant, j'essaie d'imaginer les détails ou les tournures de phrases qui auraient pu faire peur à une journaliste soucieuse de préserver ses sources dans la sphère financière. En écrivant ma préface, il me semblait que je ne faisais que reprendre l'énorme et indispensable travail d'Heike en le connectant à mes propres sensations et connaissances de ces milieux.

Je ne voyais pas le problème. Je ne le vois toujours pas.

J'avais beaucoup lu, bien avant le livre d'Heike Buchter, sur Larry Fink et la finance internationale. Lui et quelques autres ont été des sujets d'investigations et d'interrogations obsédantes à un moment de ma vie, vers 2008, quand Clearstream avait mené campagne contre mes enquêtes. Je voyais le nom de BlackStone, dont est issu BlackRock, et celui de Larry Fink, apparaître régulièrement dans les montages financiers de cette finance parallèle. À coups d'achats d'actions et d'obligations, ils étaient en train de grignoter le capitalisme européen. Les banquiers étaient complices. Les juges étaient impuissants. Les politiques fermaient les yeux.

---

18 — Interview donnée à *Philosophie magazine*, n° 62.

On aurait pu en rester là. Je reprenais ma préface, j'en faisais des confettis. Florent publiait le livre d'Heike pour lequel il avait déjà investi en traduction, achat de droits et charges diverses, pas loin de 20 000 euros. On oubliait le fait que j'étais à l'origine de ce projet éditorial, conseillant à Florent de prendre les droits du livre édité par Campus, après le visionnage du documentaire d'Arte sur BlackRock.

Sur son site, Campus, maison d'édition créée en 1975, se présente comme ayant son siège à Francfort et à New York et comme un éditeur « indépendant et prospère ». Leur programme couvre un « large éventail » de sujets avec un accent sur l'économie, la politique, la société, l'histoire, les carrières, les affaires et les sciences sociales. En plus d'un large panel d'auteurs allemands, Campus édite Judith Butler, Jeremy Rifkin ou Paul Krugman… « Le but de Campus et de ses employés est de faire progresser la société et l'individu, vante la plaquette. Les livres de Campus contribuent aux débats politiques, économiques, historiques, et présentent les derniers résultats de recherche. » Campus fait aussi dans le « développement personnel et les carrières dans la finance et les affaires ». Quand on regarde le catalogue de plus près, on trouve beaucoup de livres de conseil en investissement, comme *La Stratégie patrimoniale ingénieusement simple*, *Comment devenir riche en Norvège*, *Gérez votre argent comme un putain d'adulte*… Et, plus intéressant, des ouvrages que pourrait sponsoriser Larry Fink : *Investissez en toute confiance après la retraite* ou *Investissez en toute confiance avec des fonds indiciels et des ETF*[19].

19 — Best-seller de la maison écrit par Gerd Kommer, 2018.

Le plus raisonnable eût été que je disparaisse.

Mais quelque chose ne fonctionnait pas dans ce scénario. Sans nous concerter, Florent et moi en sommes arrivés à la même conclusion. Les livres ne sont pas que des objets de commerce, des produits manufacturés de librairie ou des tracts militants. Les livres, il faut les respecter. Les auteurs aussi. Les livres ont à voir avec la conscience des hommes. Leur honnêteté. Leur vérité.

Il était délicat que Florent publie le livre d'Heike Buchter sans ma préface.

Pourtant, c'était envisageable.

Il était impossible que les choses en restent là.

On allait se compliquer la vie, mais il fallait qu'on reprenne l'affaire à zéro.

On avait face à nous une montagne de granit et on était deux souris.

BlackRock, compte tenu de son chiffre d'affaires, est une multinationale ultrarentable. Son business plan est devenu imparable. Avec Larry aux manettes, c'est le ticket gagnant tous les jours...

En vitrine, BlackRock est le champion du monde de l'investissement pépère en fonds indiciels. Ces fameux ETF[20].

Investissez sans risque avec Larry, pourrait dire une pub, avec la tête de Larry Fink en Mister America, nous pointant du doigt : *I want your money for US economy...*

Mais BlackRock est aussi une machine qui déporte le risque au cœur du système économique.

---

20 — *Exchange-Traded Funds* ou fonds négociés en Bourse, ils sont la pierre angulaire d'une grosse partie du business de BlackRock.

Larry joue dans les circuits bancaires de la finance internationale avec l'argent de ses clients. Jamais avec le sien.

La maison BlackRock ne risque pas de s'effondrer, c'est le terrain sur lequel elle est bâtie qui pourrait se dérober sous son poids. Et sous nos pieds.

7.

Fin 2011, après que la Cour de cassation m'a donné raison dans mes procès contre Clearstream, décrétant que mon enquête était « sérieuse, de bonne foi et servait l'intérêt général[21] », elle renvoie mon dossier à la cour d'appel de Lyon qui doit estimer le montant de mon préjudice. Dix ans de bataille contre les requins de la finance, tout ce temps consacré à me défendre des accusations portées contre moi, une partie de ma vie fichue en l'air alors que j'avais raison sur à peu près tout, ça valait combien ? Un million d'euros ? Deux ? Trois ? Dix ? Quarante-cinq comme le montant du préjudice moral octroyé à Bernard Tapie trois ans plus tôt ? À la fin de l'année, la cour d'appel de Lyon tranche et ne reconnaît pas mon préjudice moral. J'obtiens juste le

---

21 — Les arrêts de la Cour de cassation du 3 février 2011 font aujourd'hui jurisprudence et ont permis à plusieurs médias et journalistes de gagner leurs procès contre des puissances financières usant de procédures dites « bâillons ». https://État.legifrance.gouv.fr/affichJuriJudi.do?oldAction=rechJuriJudi&idTexte=JURITEXT000023550510&fastReqId=842701152&fastPos=1

RENAULT NISSAN
CHEVRON
PETROLE
B. SELLA MONACO
PAUL WOLFOWITZ
DETRUIT
Mellon CAPITAL MANAGEMENT
Fidelity
SEC

remboursement de mes frais de procédure. Autant dire une broutille, eu égard au bordel que cette affaire a fichu dans ma vie et celle de mes proches pendant dix ans. La cour d'appel de Lyon a considéré que les attaques dont j'ai été l'objet faisaient en quelque sorte partie des risques du métier de journaliste.

Aux États-Unis, j'aurais obtenu un gros chèque, mais les magistrats lyonnais, conservateurs et peu enclins à reconnaître la mainmise de la finance et des multinationales comme Clearstream sur nos économies et sur nos vies, n'ont pas voulu créer une jurisprudence qui aurait permis à d'autres journalistes et futurs lanceurs d'alerte de se prévaloir de ce jugement. J'aurais dû contre-attaquer, me pourvoir à nouveau en cassation, mais j'étais fatigué. Je voulais oublier Clearstream et ses aléas. Je n'étais pas déprimé, mais je n'arrivais plus à faire ce pour quoi je pensais être programmé depuis tant d'années. Écrire. Un de mes livres avait été interdit à la vente. On l'avait retiré des mains de lecteurs dans des librairies le jour de sa sortie[22]. C'était la goutte de trop. J'avais subi, en raison de mes écrits, des dizaines de procès et des centaines de visites d'huissiers. Je pensais être inoxydable et pourtant j'étais atteint. Pendant des mois, je me mettais tous les jours devant mon ordinateur, incapable de pondre une ligne qui se tenait. J'étais encombré de pensées négatives et de questions dérangeantes : pour-

---

22 — Il s'agit de *Clearstream : l'enquête* (les Arènes, 2006), qui dévoilait la manipulation des listings et le rôle très trouble du Premier ministre d'alors. Sur plainte pour atteinte à la présomption d'innocence d'un des protagonistes de l'affaire, une justice manifestement sous influence politique demande et obtient le retrait du livre le lendemain de sa sortie, le 10 juin ; il ressortira au cœur de l'été, dans l'indifférence.

quoi les livres n'étaient-ils plus les chasses gardées de nos démocraties ?

Entre-temps, pour me sortir du piège mental qui se refermait sur moi et pour oublier les procès, fort de mes connaissances des circuits financiers souterrains, j'ai trouvé refuge dans une galerie d'art à Paris – la Galerie W était tenue par un couple, Isabelle Euverte et Éric Landau. Ces deux-là ont sans doute vu un intérêt à mon histoire. Avec Philippe Pasquet, un ami peintre et professeur de dessin, j'ai imaginé un autre sens aux mots qui me hantaient. Je me suis mis à écrire sur des toiles en inventant des formes. Je n'avais plus la force et l'envie d'enquêter. Je conservais la rage de dénoncer la menace que je pressentais. En gros, l'avènement de BlackRock et l'influence destructrice de ces monstres de l'investissement sur le tissu économique et social d'un pays.

Comment en est-on arrivé à laisser des fonds de pension américains décider de l'avenir de notre industrie ? De notre commerce ? De nos vignobles ? De notre vie politique ?

Et c'est là – dans ces périodes de retraite et de méditation – que j'ai rencontré Lloyd Blankfein et Goldman Sachs, les saccageurs de la Grèce ; les frères Koch et le financement des causes libertariennes et conservatrices par les fondations créées grâce à la surpuissante Koch Industrie sise à Wichita (Kansas) ; David Rockefeller (et sa famille) à l'origine de la Fondation Bilderberg, de la Commission trilatérale, et patron de la Chase Manhattan Bank ; le Carlyle Group de David Rubinstein qui rendait service à la CIA ; le vieux gestionnaire d'actifs Fidelity, fondé en 1946 par le précurseur bostonien Edward Johnson ; le fonds d'investissement Vanguard créé par John Bogle en 1975 ; et enfin BlackStone, leur concurrent, qui deviendra BlackRock sous l'impulsion de Larry Fink. Mes maîtres du monde. Douze ans que je vis avec eux.

Quand j'entends les radios ou les télés reprendre les statistiques d'Oxfam sur ces fameux 1 % de milliardaires, chaque année plus nombreux, qui gagnent de plus en plus de parts de richesse au détriment du reste de l'humanité, je pense à ces types, à leurs histoires, d'où ils viennent, comment ils ont manœuvré et acheté des politiques pour en arriver à ce maillage planétaire et à cette situation pourrie, où on ne sait plus comment les déloger. Avant qu'ils ne nous détruisent complètement.

Quoi ? Acheter les politiques, quelle horreur ! La majorité de nos élus sont honnêtes... Et bla bla bla. Combien de fois ai-je entendu cette fadaise, dès que j'élevais un petit peu le ton pour dire mon exaspération. On sait tous aujourd'hui, grâce au travail de Julia Cagé[23] que La République en marche s'est financée avec quelques centaines de mécènes fortunés qui ont multiplié et défiscalisé leurs dons autorisés de 7 500 euros en faisant appel à tous les membres d'une même famille. Ils étaient trop heureux de voir un président supprimer l'ISF et ainsi leur permettre de récupérer leur mise. On a vu comment le milliardaire Marc Ladret de Lacharrière a été généreux avec Pénélope et François Fillon, alors favori de la présidentielle à droite. Et que dire de ceux, ces libéraux comme Laurent Wauquiez, qui courent à Londres dès qu'une élection se profile pour demander des subsides aux traders de chez Goldman Sachs ou Morgan

23 — *Le Prix de la démocratie*, Fayard, 2018.

Stanley: « Ces gens soutiennent mon action politique et ce n'étaient pas de grosses sommes, s'est justifié Wauquiez[24]. »

Alors oui. Certains bourgeois, des aristocrates, des nantis, des rentiers, des champions de la finance achètent des politiques comme on se paie une pute ou un taxi. Je suis vilain ? Essayez de retrouver ce reportage de Channel 4. Un journaliste se déguise en lobbyiste, utilisant codes et costumes appropriés. Il prend rendez-vous avec Stephen Byers, député influent aux Communes, ancien secrétaire d'État au Trésor et aux Transports de Tony Blair. Le faux lobbyiste explique au député qu'il veut faire passer une loi favorable à sa société. Byers lui donne son prix et lui indique qu'il va faire campagne auprès de ses collègues. Il réclame 5 500 euros par jour pour le job et ajoute cet aveu confondant : « Je suis comme un taxi, on peut me louer. »

Jeff Bezos a vu sa fortune augmenter de 13 milliards de dollars en une seule journée, le 20 juillet 2020, malgré la crise du Covid. Soit la valeur totale de la Société générale.

Hypothèse d'école : savez-vous que si on laisse Amazon prospérer, Jeff Bezos, son propriétaire, pourrait devenir dans cinq ans, à soixante-deux ans, le premier trillionnaire de l'histoire ? Mille milliards de dollars pour un seul homme...

J'essayais de comprendre ce qui arrivait. Pourquoi des pays aussi riches et bien dotés que les nôtres fabriquaient tant de pauvreté ? Je lisais des articles sur la finance, regardais des vidéos, interrogeais des juges et des banquiers, des journalistes financiers et des hommes politiques, des avocats et des policiers. J'avais comme livre de chevet des ouvrages

24 — *Le Point*, 8 juillet 2010.

tels que *Tous pouvoirs confondus* (EPO, 2003) de Geoffrey Geuens ou *La Finance imaginaire*, du même Geuens (Aden, 2011). Leurs annexes contenaient des listes interminables d'actionnaires et de membres de conseils d'administration de banques, de sociétés de trading, de multinationales, de médias. « Révéler tous ces réseaux croisés d'intérêts et de collusions, c'est dessiner le véritable organigramme de la mondialisation des grandes puissances. Indispensable pour entrer consciemment en résistance », indiquait la quatrième de couverture du premier ouvrage cité. En près de vingt ans, notre résistance n'a pas été très farouche, même si notre conscience s'est forgée et endurcie.

Je faisais des liens. Je tissais des toiles. Je cherchais les hommes qui se cachaient derrière les systèmes.

Qui tenait les clés de ces itinéraires ? De ces coffres ? De ces fonds d'investissement ? De ces sociétés offshore ? Qui avait le pouvoir de décider d'une fermeture d'usine ? Qui pouvait acheter un média, corrompre un élu ou exercer une influence sur les films de cinéma projetés en ville ? Qui décidait de nos fins de mois ? Qui voulait privatiser nos retraites, nos protections sociales ? Comment faire du journalisme et publier des informations originales dans ce monde où tout semblait compromission ? Absolument tout. L'écriture pouvait-elle me sauver ? Nous sauver ? Quelle était la marge de manœuvre d'un journaliste ? D'un écrivain ? D'un éditeur ? J'étais habité par ces questions et, dans l'atelier des Abbesses, j'ai imaginé et construit des plans ramifiés où sans cesse revenaient ces noms que je gravais à la craie grasse blanche sur des fonds noirs peints et repeints :

Larry Fink, Lloyd Blankfein, Timothy Geithner, Frank Carlucci, David Rockefeller, les frères Koch. Et tant d'autres.

Ces toiles, ces dessins, ces écrits illustrent, accompagnent et composent ce livre aujourd'hui.

Plus je lisais, plus je m'interrogeais sur le pouvoir de la finance, plus je tournais, tel un vautour famélique, autour des stars et des rentiers de la finance, et des fonds de pension américains. Ceux que j'ai retrouvés des années plus tard en train de bouffer des pinces de crabe et des spaghettis carbonara à 100 dollars chez Del Pietro, dans une ruelle proche de Wall Street. Là où Larry Fink jouit maintenant de sa table près de la fenêtre.

Quand je sortais de ma tanière pour regagner ma piaule vers 4 ou 5 heures du matin, en général, j'avais le sentiment d'être un mort vivant, un demi-fou, un type qui comprenait ce que personne n'avait compris. Dans ces moments d'égarement, d'humilité et de mansuétude, j'en venais presque à comprendre leur mécanique intime. L'argent n'est rien. Passé un seuil, la fortune devient exponentielle et sans lien avec la vie. Pire, elle la pervertit, créant un rapport paranoïaque avec les autres humains. N'importe qui peut sombrer et passer de l'autre côté.

Devenir riche ? Perdre tout ? Profiter de son blé ? Passé le milliard, ça ne veut plus dire grand-chose à titre individuel. La richesse n'est jamais un but en soi. Je pense que Larry le sait. Son moteur, ce n'est pas forcément de s'enrichir. Son moteur, c'est de tenir la rampe et de continuer à grandir, irrémédiablement. Croître, dévorer l'autre. Tu t'arrêtes d'acheter et d'investir dans ce milieu-là, dans ce casino-là, tu meurs. Tu mises toujours le dernier. Plus tu es riche, plus c'est facile. Et quand tu deviens *too big to fail*, c'est bon. Si tu tombes, les autres tombent avec toi. La multinationale de Larry Fink est devenue si grosse que personne n'en mesure les contours et l'enracinement. Elle est une galaxie. Elle est une partie de l'air que les sociétés les plus importantes de la planète respirent.

8.

Et donc, j'ai produit ces toiles durant l'été 2012. Il y en a eu trente et une peintes en un mois environ de vie recluse. Vingt et une qui se suivent et s'emboîtent et une dizaine d'autres que j'ai conçues en unité spéciale. J'étais habité par cette monomanie d'élaborer des plans. Ma vision du pouvoir et de la vie terrestre. Dans de nombreuses toiles – je m'en rends compte aujourd'hui – revenait le nom de Laurence Douglas Fink – dit Larry – ainsi que de BlackRock, ou BlackStone, sa version primitive.

Sur des fonds noirs, je faisais des connexions entre les actionnaires des fonds d'investissement et les sociétés cotées : Coca, Chevron, Pepsi, Exxon, Total, Axa, BNP Paribas, Siemens, Enron, General Electric, Merrill Lynch, Barclays, Vanguard, Fidelity et BlackRock. Je cherchais les affaires de blanchiment parues dans la presse, épinglant au passage les banques complices et leurs sociétés offshore. J'y ajoutais des verbes, comme « mange, aime, détruit, planque, prend, vole ». J'y glissais des phrases comme « l'art d'ignorer les pauvres ».

Une année plus tard, lors d'une exposition, un collectionneur me parle de l'artiste Mark Lombardi et de ses plans et cartes. Lombardi était parti de la peinture et du dessin pour faire du journalisme d'investigation un art. Et j'empruntais sans le savoir le chemin diamétralement opposé. Après avoir exposé dans de grands musées américains, Lombardi s'est suicidé en 2000. On l'a retrouvé pendu dans son petit atelier de Brooklyn, un mois après la plus belle exposition de sa carrière au Whitney Museum de New York. Il avait montré son œuvre la plus monumentale. Trois mètres cinquante sur un mètre trente-deux. Valeur : cinq ou six millions d'euros...

Celle qu'il a nommée *BCCI-ICIC & FAB 1972-91* (4e version, 1996-2000[25]) cartographie la faillite de la BCCI (Bank of Credit and Commerce International). C'était une énorme banque islamiste anglo-pakistanaise surnommée « la banque du crime et de la corruption ». Le nom d'Oussama Ben Laden y était cité, ainsi que ses liens avec la famille Bush. Quand j'ai découvert sa toile monumentale, ce fut pour moi un choc incroyable. Je connaissais bien l'histoire de la BCCI et de ses protagonistes pour l'avoir traitée dans

---

25 — https://www.erudit.org/fr/revues/espace/2013-n103-104-espace0545/69088ac.pdf

AVRIL 2012
Vendredi 13
Ste Ida
TONY BLAIR
NS
WE HAVE DECIDED
THE BULLET
HAVE BEEN GOING VERY FAST
ASPEN
PILKINGTON
A.I.G.
CARLYLE
MOODY'S
VANGUARD
DAVID ROCKFELLER
the king
TRILATORALE
GOLDMAN SACHS
CAPITAL GROUP
BILDERBERG
CIA
JOHN ELKANN
EXOR
LA RÉALITÉ
AVANCE
MASQUÉE
LOCAL

un chapitre de mon premier livre sur Clearstream[26]. La firme luxembourgeoise avait opéré des transactions après l'ordre de blocage des comptes par les autorités judiciaires. C'était alors la faillite bancaire la plus retentissante de la planète. Depuis, Lehman Brothers l'a rattrapée. La BCCI était présente dans soixante-treize pays. Les pertes sont estimées à neuf milliards de dollars. Toutes les filiales dans le monde ont été fermées le 7 juillet 1991. L'origine de cette faillite repose sur la découverte par la DEA américaine (Drug Enforcement Administration) d'un trafic de drogue avec la Colombie. La BCCI blanchissait l'argent des narcotrafiquants avec la complicité de certains politiques.

Après le 11 septembre 2001, des agents du FBI se sont sérieusement penchés sur les travaux de Lombardi, passant des jours au musée, photographiant chaque bout de toile pour reconstituer l'itinéraire et le financement des terroristes. Lombardi se servait des articles de presse ou des rapports de la DEA, comme celui de John Kerry. Il faisait des liens que personne n'avait osé avant lui. Il était hyperlucide, méticuleux et obsessionnel. Son moteur d'artiste-journaliste pourrait se résumer ainsi : tout ce que l'on cherche et qui paraît mystérieux

26 — « Dans un rapport de plus de huit cents pages rendu public en décembre 1992, après les enquêtes judiciaires diligentées aux USA, le sénateur démocrate américain, John Kerry, présente la BCCI comme "un réseau grossier fait de rapacité et de prises d'influences sévissant sur toute la planète". Le scandale avait éclaté à cause de la filiale de la BCCI à Tampa, en Floride. Les policiers américains avaient patiemment infiltré la banque, avant de lancer une vaste enquête dont les répercussions dépasseront rapidement les frontières américaines pour atteindre le siège du holding à Luxembourg. » in *Révélations*, Les Arènes, 2001.

et introuvable est connu, sous nos yeux. Mais trop d'obstacles médiatiques, politiques ou judiciaires nous empêchent de voir.

Je vais donc l'exposer. Personne ne veut voir ce que je vois. Je vois ce que personne ne voit. Regardez… Je mets sur des toiles, dans des musées ou des galeries, ce que personne ne lit plus dans les journaux. Je pousse le scandale à son paroxysme.

Constituer, à défaut de résoudre le problème, une œuvre d'art.

Un objet pur et non corrompu.

Lombardi était arrivé à un point de non-retour.

Disons qu'arrivé à mi-chemin de ce travail introspectif et personnel, j'en suis arrivé à la même conclusion. D'autant que la faillite de la BCCI était à l'origine du scandale Clearstream. Tout est affaire de ramifications.

La mort de Lombardi est entourée d'un grand mystère. Certains, y compris parmi ses proches, pensent qu'il a été assassiné. Même sa fiche Wikipédia installe le doute : « Mark Lombardi est un artiste contemporain américain né à Syracuse le 23 mars 1951 et mort le 22 mars 2000 à New York, Williamsburg, officiellement par suicide. »

Je suis retourné sur les traces de Lombardi à Brooklyn en 2013. Ma fille y habitait. J'ai visité son quartier, j'ai rencontré un de ses amis. J'avais envie d'écrire un livre. Et j'ai abandonné, rattrapé par la vie. J'ai peut-être eu peur de ce que j'allais découvrir. J'ai une vague idée des raisons de ce suicide. Comme tout artiste se sacrifiant à son art et sa passion, Mark Lombardi s'est perdu en chemin. Il s'est dit que sa vie devait devenir une œuvre d'art. Et que seule sa mort pourrait le permettre. Imbibé de whisky, perdu dans ses schémas de pensée, il a franchi le pas, laissant notes troubles, quantité de cartes bristol manuscrites bien rangées (quinze mille) et un atelier en désordre.

Mark Lombardi a cru qu'il pourrait rivaliser avec ce qui n'existait encore pas. Une intelligence artificielle capable d'interpréter autant de connexions. Aladdin. Il a dû avoir cette prémonition que tout ce qu'il entreprenait depuis toutes ces années était inutile. Le seul moyen de donner une perspective à son travail était de se pendre à une corde. Et de disparaître.

Les diagrammes de Lombardi sont nés de l'insatiable curiosité de l'artiste pour les scandales gouvernementaux. Des années durant, d'abord en tant que chercheur, puis bibliothécaire à Houston, il a minutieusement documenté les réseaux d'alliances entre les milieux de la politique et de la finance à l'échelle globale. Son enquête l'a mené sur les pas de Georges Bush et de Bill Clinton, en passant par les cercles fermés du Vatican, de la mafia, du trafic d'armes et de la drogue, du terrorisme et de la corruption. Les œuvres qu'il en a tirées dessinent la topographie d'un système de pouvoir, alimenté par des transactions financières et secoué par des condamnations judiciaires, sur une période courant des années 1930 jusqu'aux années 1990. On entre dans les dessins de Lombardi par n'importe quel point de la carte. L'interaction des forces politiques, économiques et sociales y prend la forme d'un réseau complexe. L'œil est spontanément attiré par certains nœuds de convergence à partir desquels rayonne une concentration de lignes. Ces arcs pointent vers des nœuds secondaires, qui rebondissent et se déploient de nouveau pour former les ramifications d'un système de points interconnectés. L'espace à l'intérieur duquel Lombardi localise ces systèmes est relatif, flexible, extensible...

Celle qui écrit ces lignes est chercheuse à l'Institut national de la recherche scientifique de Montréal[27]. Elle se nomme Nathalie Casemajor Loustau. Qu'elle en soit remerciée.

27 — Article accessible dans son intégralité sur le site érudit.org.

9.

Les noms de Larry Fink et de son *rocher noir* revenaient comme un mantra.

BlackRock et les *BlackRockers*: c'est ainsi qu'on les nomme dans les milieux financiers. C'est comme ça qu'entre eux, ils se *checkent* et se cooptent.

Les durs. Les Blacks.

Rien à voir avec le hard rock ou la musique. Larry, qui a créé une maison de disques, baptisée Octogone, est plutôt fan de musique californienne. Il devait aimer les Beach Boys. Octogone a aujourd'hui disparu.

Tout à voir avec la fierté d'en être et avec une bonne dose de noirceur, donc de cynisme.

On était en 2012, et Larry était déjà presque partout.

En 2020, il est partout. Il a écrasé de sa présence, grâce à des facteurs pas toujours maîtrisés, tous ses concurrents.

Larry Fink est seul au monde. Il est l'homme le plus informé, soit le plus puissant du monde.

Larry Fink est, pour quelques années encore, un discret Maître de l'Univers. BlackRock est sa couverture. Aladdin son algorithme. Et Heike Buchter la première biographe de ses turpitudes.

Heike, journaliste pour *Die Zeit*, vit à Manhattan depuis dix-neuf ans et traîne à Wall Street pour glaner des informations sur les géants de la finance. Elle a écrit son livre sur BlackRock en 2015 en langue allemande, et l'a réactualisé depuis. Un documentaire réalisé par Tom Ockers, inspiré en partie de l'ouvrage d'Heike, a été diffusé sur Arte en 2019. Et la lutte contre la réforme des retraites a fait le reste. Nous avons vu apparaître Larry et BlackRock dans les journaux télévisés aux heures de grande écoute. Le public apprend ainsi que Jean-François Cirelli, ex-patron de Gaz de France, aujourd'hui patron de la filiale française de BlackRock, a été décoré de la Légion d'honneur par Emmanuel Macron. Nous avons vu des militants de Youth for Climate occuper les locaux des bureaux parisiens de la multinationale. Et se faire arrêter par la police.

Il faut rappeler ici que, malgré des discours opportunistes sur la nécessité de sauver la planète du réchauffement climatique, BlackRock, monstre froid et schizophrène, gagne et fait gagner beaucoup d'argent à ses investisseurs en finançant l'industrie fossile. Et donc en calcinant la planète. « Le changement climatique constitue désormais un facteur déterminant dans les perspectives à long terme des entreprises, écrit Larry dans son courrier rituel de début d'année 2020, adressé aux entrepreneurs chez lesquels BlackRock a des billes. Nous vérifierons que les entreprises gèrent et surveillent correctement ces risques dans le cadre de leur activité. En l'absence de rapports précis, les investisseurs seront de plus en plus enclins à conclure que les entreprises ne gèrent pas les risques de façon appropriée. » Larry promet qu'à l'avenir, il votera « plus volontiers contre la direction et les administrateurs des entreprises ne faisant pas assez de progrès en matière de rapports sur le développement durable ».

Des rapports...

Dans un article des *Échos*[28], Lucie Pinson, porte-parole des Amis de la Terre, livre son agacement et déplore que BlackRock prenne le train en marche, tout en continuant, *via* ses investissements en ETF, ses fonds cotés en Bourse ou en actions dans l'industrie pétrolière ou charbonnière, à financer les mines ou gisements ultrapolluants : « Le seuil retenu ne recouvre pas certains des plus gros producteurs de charbon, dont plus de cent entreprises qui prévoient de nouvelles mines... »

Le forum de Davos, fin janvier 2020, est un grand moment de *greenwashing*. « La meilleure amie de Greta, c'est la finance ! » titre *La Tribune* le 17 janvier 2020. « À Davos, pour la cinquantième édition du World Economic Forum, l'activiste Greta Thunberg croisera Donald Trump, mais également Larry Fink, le patron du fonds Blackrock pour qui "le risque climatique est devenu un risque financier" », explique dans un édito son directeur de la rédaction. Ce dernier avait relevé dans un sondage que, sur les risques mondiaux vus par sept cent cinquante chefs d'entreprise, les cinq premières préoccupations concernaient toutes l'environnement.

28 — 14 janvier 2020.

Vedette américaine du Forum, Larry s'évertue à vanter son virage écolo, remercier Greta Thurnberg et expliquer à chaque micro tendu qu'il a eu une sorte de révélation écologiste. Larry assure que tout va changer, que l'investissement durable est devenu le principal levier d'action. Il promet la transparence et s'engage à liquider les placements affichant un risque élevé pour le climat. « Dans sa lettre annuelle à ses clients, "Larry" fait lui aussi du "Greta" », annonce l'édito de *La Tribune*, mais avec des arguments sonnants et trébuchants : « Le risque climatique est devenu un risque financier. En tout cas, dans le monde de la finance, dans lequel BlackRock pèse 7 500 milliards de dollars, plus personne ne fait plus l'autruche. "Les entreprises, les investisseurs et les gouvernements doivent se préparer à une réallocation significative des capitaux dans un avenir proche, plus proche que la plupart des gens ne l'anticipent", écrit Larry Fink. »

La transparence ? Un virage écolo ? La lutte contre le réchauffement climatique ? Dans de nombreux papiers complaisants, je note que Larry la joue modeste, économe, explique qu'il prend des avions de ligne pour ses déplacements et que lui-même lutte à son niveau contre le réchauffement[29]. Je me suis intéressé aux déplacements récents de Larry en France. Cinq voyages ont été enregistrés par l'aviation civile. Nous reviendrons plus loin sur l'objet de ces voyages. Tous se sont faits en jet privé. Et pas

29 — *Le Point*, 9 juin 2011 : « BlackRock, le fonds d'investissement qui a la puissance d'un État. »

n'importe quel jet : des Gulfstream. La Rolls du jet. Avions de luxe à très forte consommation de kérosène. BlackRock en possède trois.

À bord de son Gulfstream G550 N3788B, Larry s'est rendu à Paris les 23 novembre 2017, 9 novembre 2018, les 4 février et 15 mars 2019. Son avion a été acheté 56 millions de dollars en 2012 et consomme quinze tonnes de carburant pour parcourir onze mille kilomètres.

Larry a également acheté un Gulfstream G650 d'occasion en décembre 2019, le N1777M, avec lequel il s'est rendu à Paris le 20 janvier 2020.

Enfin Blackrock a acheté un Gulfstream G600 en 2016, le N10199, livré le 18 mai 2020. L'avion n'est pas encore sorti des USA. Il est caché sous le nom de l'organisme financier TVPX Aircraft et exploité par une société-écran, 2020 MSN 73021 Statutory Trust, Wyoming, selon les documents que j'ai pu consulter. Le plus intéressant est leur consommation. Ces jets d'affaires long-courriers consomment beaucoup plus au passager transporté que les gros-porteurs bien remplis : trois litres par passager pour cent kilomètres parcourus pour les gros-porteurs. Contre vingt-huit litres par passager transporté pour le jet de Larry. En général, un Gulfstream G550 ne transporte pas plus de quatre passagers.

Aucun des avions de BlackRock n'a fait de déplacement en France en 2015 et 2016. C'est donc bien l'élection d'Emmanuel Macron qui a poussé Larry à venir humer l'air de Paris. Et pour un nouveau converti à l'écologie, on ne peut être que troublé par ce don d'ubiquité et cette propension au *greenwashing*. Larry me fait penser à un type qui roulerait en Lamborghini Veneno[30] et porterait des tee-shirts écolos en coton éthique siglés «*Join the green side*[31]».

30 — La Lamborghini Veneno consomme 17,2 litres pour cent kilomètres. Avec 398 grammes de CO^2 lâchés dans l'atmosphère par kilomètre, elle est à la fois la voiture la plus chère et la plus polluante en 2020.

31 — « Rejoint le mouvement vert »

10.

Nous avons entendu de nombreux commentaires indiquant que Larry avait influencé Emmanuel Macron pour qu'il nous vende sa réforme des retraites par capitalisation. Nous avons vu sa photo en compagnie de ses salariés et d'Emmanuel Macron dans un des salons de l'Élysée, où le président les a reçus en douce.

Nous avons lu, en avril 2020, dans une presse soudain réveillée et effrayée, qu'une filiale de BlackRock venait – étrange paradoxe – de gagner un appel d'offres à la Commission européenne pour conseiller ses nouveaux dirigeants en matière de climat.

La médiatrice de l'Union européenne, Emily O'Reilly, a ouvert en juillet 2020 une enquête à propos de ce marché public conclu par la Commission avec BlackRock, à la suite de la plainte de quatre-vingt-quatre députés, dont une majorité d'écologistes, inquiets que la multinationale, dont la fonction consiste aussi à auditer des banques, soit missionnée pour informer et surveiller le secteur bancaire, afin de voir comment intégrer au mieux « les facteurs environnementaux et sociaux dans leurs projets ». Emily O'Reilly relève aussi que « pour emporter le marché, BlackRock a fait une proposition très inférieure à ses sept autres concurrents ». La multinationale a proposé 280 000 euros alors que les autres candidats étaient tous plus proches du plafond de 500 000 euros.

« Ce n'est pas le gain sur la prestation qui intéresse la société, mais le fait de participer, en amont, à la définition des critères de ses futurs investissements », a aussitôt expliqué au journal *La Croix*[32], l'eurodéputé, ex-Vert aujourd'hui *enmarcheur*, Pascal Durand, auteur d'une question écrite à la Commission. Le mélange des genres est patent pour BlackRock : « La Commission est-elle consciente que sa décision mène à un conflit d'intérêts où une société définit des orientations sectorielles qu'elle devra suivre ? » s'interrogent les eurodéputés. Pour Jean-Marc Jancovici, expert climatique cité par l'article : « La Commission décide ainsi de confier à un Américain le soin de suggérer des règles prudentielles pour l'Europe, et de confier à un gestionnaire d'actifs le soin de suggérer les règles pour qu'il fasse son métier en intégrant "la durabilité", créant une superbe situation de conflit d'intérêts. »

En un an, on a mangé du BlackRock à toutes les sauces, sans trop comprendre ce qu'était et comment fonctionnait cette tentaculaire société financière sise à Manhattan, coupable subitement de tous les maux et de tant de mots.

---

32 — Le 16 avril 2020.

Le livre allemand, traduit pour la première fois en français et réactualisé, venait pallier ce manque.

L'ouvrage est roboratif. La journaliste nous prend la main et essaie, à coups d'anecdotes, de courts portraits, de rappels historiques, de pédagogie, de rendre intelligible l'ascension de BlackRock. Et le danger qui se profile si on laisse cette firme *à la puissance secrète qui s'empare de notre argent* (comme l'indique le sous-titre) prospérer, sans contrôle ni régulation.

J'ai abandonné l'idée de publier ma préface, pas d'écrire sur le sujet.

Le 12 mai, sur le site du Média.tv, l'épisode huit de mon journal du confinement, « Assigné à résistance » s'intitule « BlackRock is watching you ». Une illustration montre Larry Fink en Big Brother[33]. L'édito démarre ainsi : « Pendant qu'on s'occupe de l'épidémie, on oublie que BlackRock est un virus tout aussi dangereux à long terme, qui grignote nos vies, nos intimités, nos comptes en banque. Et qui travaille dans l'ombre. BlackRock prospère comme la mafia. Moins on en parle, plus ça agit. Et Larry Fink, le patron, soixante-huit ans, air lisse de clergyman, est un parrain qui cache son jeu pour mieux nous faire les poches... »

Avec le recul, et vu l'attitude de l'éditeur allemand et de l'auteure du livre, je me dis que peut-être, ils ont lu ce texte et l'ont mal interprété. Je ne dis pas que Larry est mafieux ou que BlackRock est une émanation de Cosa Nostra. J'utilise

33 — Voir annexe 4 : https://www.lemediatv.fr/articles/2020/assigne-a-resistance-blackrock-is-watching-you-SZBxZSiuR-iy-d9ya6hyvg

une métaphore dont la finesse a peut-être échappé à nos amis allemands...

Florent hésite entre publier un livre qui démarre du mauvais pied et se lancer dans un fastidieux combat judiciaire, pour réclamer tout ou partie de l'argent investi dans la publication et la traduction du livre.

N'ayant pas de contact direct avec l'agente, l'éditeur et l'auteure, je transmets à Florent un courrier qui leur est destiné, indiquant que j'ai l'intention d'écrire sur BlackRock et que leur refus de voir publier ma préface fera partie intégrante de ce récit.

Au moment où j'écris cette lettre, je n'ai pas la certitude que ce sera un livre, même si je sens que la matière est là. Et je n'ai pas encore d'éditeur. J'en parle vaguement à mon ami et éditeur Bernard Barrault qui a publié mes précédents romans (*Les Rapports humains*, 2017) et mon enquête sur *Charlie Hebdo* (*Mohicans*, Julliard, 2015), mais Bernard n'est pas prêt pour la rentrée 2020, car il quitte Julliard pour créer une nouvelle maison. Je me dis que l'éditeur n'est pas un problème. Je veux d'abord écrire. Pour cela, il me faut du temps. J'en aurai en août. La décision que Florent édite le livre ne viendra qu'en septembre 2020, à la lecture des premières lignes. Assez naturellement...

Chère Heike, cher éditeur allemand,

Quand Florent Massot m'a appris que vous ne vouliez pas ma préface car - si j'ai bien compris – elle allait plus loin que le livre et pouvait poser des problèmes de droit, j'ai d'abord cru à une plaisanterie. Mais non, vous pensiez vraiment cela puisque vous l'avez écrit. Inutile de vous préciser que j'ai l'habitude de ces questions et que ma préface ne contient aucune diffamation et ne pose aucun problème juridique.

Outre l'impolitesse qui consiste à agir de la sorte en condamnant sans explication un travail commandé et prévu de longue date, j'aimerais comprendre ce qui vous motive. Il y a peut-être un paragraphe ou un mot qui m'auraient échappé. Lequel ?

Heike craint-elle que je prenne trop de place dans sa promotion ? Dans ce cas, je suis prêt à l'entendre, mais ça me semble farfelu et c'est méconnaître mon travail. Et la préface aurait, à l'évidence, aidé à porter le livre. Peut-être ma réputation ? Les procès nombreux que j'ai eus et que j'ai fini par gagner contre Clearstream, dont la maison mère est allemande ? Est-elle au courant de mes victoires judiciaires ?

Cela étant, je ne vois pas vraiment pas en quoi cette préface ne serait pas un avantage pour le livre et ses ventes. Mais peut-être ne souhaitez-vous pas que le livre ait du succès en France ? Peut-être craignez-vous que ma compagnie nuise à votre travail auprès des financiers de Wall Street qui sont sûrement des sources qui pourraient se tarir ? Peut-être êtes-vous inquiète pour votre emploi de journaliste correspondante d'un titre en vue en Allemagne ?

Je me perds en conjectures. J'aimerais que vous répondiez à mes questions qui ne sont pas motivées par une animosité ou une blessure d'orgueil. Davantage le fait que vous, journaliste, ou vous, éditeur, réduisiez à néant plus d'une semaine de travail. Ma question est journalistique. Et sérieuse.

Je vais écrire sur BlackRock et informer mes lecteurs de ce qu'il faut bien appeler la censure de cette préface. C'est d'autant plus dommage que votre livre, bien qu'un peu daté, est roboratif. J'y ai appris des choses sur Larry Fink, Aladdin et la construction de BlackRock en vous lisant. Je n'avais et n'ai aucune intention malveillante à votre égard.

Bref, chère Heike, cher éditeur allemand, merci de prendre en considération mon courrier et le lire comme des questions posées par un journaliste à une autre journaliste et à son éditeur. Votre réponse – ou votre refus de me répondre – intégrera le récit et l'enquête que je vais écrire cet été sur BlackRock.

Sujet passionnant qui demande rigueur et liberté. Bien à vous.

J'ai envoyé ce courrier à Florent Massot le 15 juillet, lui demandant de le transmettre à Heike Buchter, *via* son agente. Il l'a envoyé à ses interlocuteurs allemands le 14 août. Il a tardé, car il ne savait pas très bien s'il allait publier le livre d'Heike et cette dernière tergiversait. Au moment où je rédige ces lignes, je crois qu'il ne sait toujours pas.

11.

BlackRock n'a plus de gros actionnaires comme c'était le cas jusqu'en mai 2020, avant que le plus important, la principale banque de Pittsburgh, nous le verrons plus loin, ne vende ses participations. Son capital appartient à une multitude d'actionnaires, dont son concurrent Vanguard, qui en possède plus de 5 %, mais aussi une importante société d'investissement koweïtienne, d'autres gestionnaires de fonds américains, japonais ou chinois. Fin 2019, le groupe gérait près de 7 500 milliards de dollars, comptait seize mille deux cents salariés répartis dans trente pays. BlackRock prodigue ses conseils et investit l'argent de ses clients dans les sociétés d'une centaine de pays, majoritairement en Amérique et en Europe, mais le marché asiatique (qui représente 10 % de ses activités) laisse entrevoir de belles perspectives.

Pourtant, malgré ces chiffres et la courbe évolutive de ses gains, la firme musèle sa communication et minore son éclatant succès. Larry se veut impénétrable. Pas un mot vers les journalistes qui ne passent pas par la direction du groupe.

Bien plus informé sur l'état de la planète financière, donc plus puissant que Warren Buffett, Bill Gates, Mark Zuckerberg ou Tim Cook réunis, Larry tient à passer pour un type normal, dévoué à l'épanouissement au profit et à la prospérité de ses clients. C'est l'anti-Gordon Gekko, le héros de *Wall Street* joué par Michael Douglas dans le film d'Oliver Stone où « l'argent ne dort jamais ». Contrairement à Larry, qui veut passer pour l'Américain moyen. Pyjama, tisane et au lit à 22 heures. *No coke, no alcool, no vice.*

Dans son livre, Heike Buchter dresse de Larry le portrait monochrome qu'en fait la presse financière à longueur d'articles insipides, et qui correspond à l'image que veut véhiculer l'homme le plus influent de Wall Street. Larry serait devenu ce qu'il est grâce à l'éducation d'un père commerçant, à Los Angeles, où il aurait appris le métier de vendeur de chaussures à dix ans. C'est ce qu'il a répété à la télévision lors de son dernier passage à Davos. Puis, après de brillantes études, il entre dans la banque comme on entre chez les évangélistes. Ce sera la First Boston où il multiplie les gros coups, jusqu'à une perte fatidique de cent millions de dollars pour avoir manqué de *vista* sur le marché de l'immobilier. Ce premier échec connu sera fondateur. Larry entre en 1988 chez BlackStone, un fonds d'investissement new-yorkais, dont il va diriger l'unité des risques.

Cette année-là, les bonnes fées de Larry sont deux banquiers flambeurs : Stephen Schwarzman et Pete Peterson. Tous deux des républicains très marqués à droite, tendance libertarienne. Peterson a été secrétaire d'État au Commerce sous Nixon. Quant à Schwarzman, c'est le même qui, dans une assemblée d'actionnaires en 2010, compare

Obama à Hitler, à la suite d'un projet de hausse d'impôts: « Obama fait comme Hitler quand il a envahi la Pologne en 1939. » Ce milliardaire, supporter de Trump, capable de lâcher un million de dollars pour faire chanter Rod Stewart à son anniversaire, ne fait pas dans la dentelle.

Les deux milliardaires donnent à leur jeune protégé une avance de cinq millions de dollars pour lancer son fonds. Ils visent avant tout la captation des pensions des retraités. Le deal est simple, les deux banquiers prennent 50 % de l'entité, qu'ils baptisent BFM pour BlackStone Financial Management, et offrent 50 % à Larry et à l'équipe qu'il constitue. *Good deal.*

Sur l'origine du nom – BlackRock –, c'est du côté de Schwarzman et Peterson qu'il faut chercher. Le *schwartz* (« noir » en allemand) de Schwarzman amènera le *Black* de BlackStone, puis de BlackRock. Et le prénom de Peterson, Peter, donnera la pierre (*stone*) puis le rocher (*rock*). Larry a de la *vista*, de la ténacité, mais il manque d'imagination.

En 1988, tout juste sorti de son fiasco à la First Boston, il ne se doute pas encore qu'il va bientôt appeler sa boîte *BlackRock* et tout casser six ans plus tard, ni qu'il va s'empailler avec Stephen Schwarzman. Entre le milliardaire qui parle sans réfléchir et le placide cow-boy de North Salem, la rupture paraît inévitable. Mais peut-être est-elle aussi feinte ? Selon des sources bien placées dans l'univers bancaire new-yorkais, Schwarzman (surnommé aussi *Schwarzy le dingue*) serait toujours un des protecteurs de Larry. En tout cas, la légende qui voudrait que Larry soit un vieux banquier solitaire peine à résister à la réalité de Wall Street, où beaucoup se tiennent par la barbichette. Larry a besoin d'appuis pour avancer et faire accepter l'expansion gargantuesque de BlackRock chez les banquiers d'affaires et autres champions de la *private equity*.

Heike Buchter relate dans son livre qu'en 2010, Larry accorde à un journaliste de CNBC une de ses rares interviews. Le journaliste lui demande quelle a été sa plus grande erreur. Larry revient sur la période où il lance le fonds : « Je n'avais pas assez confiance en moi pour créer ma propre société d'investissement dans la gestion de risques, dit-il, félicitant au passage Schwarzman et Peterson. Ils croyaient plus en moi que moi-même. Ce sont eux qui ont pris la bonne décision d'investissement, pas moi. »

En 1994, Larry est las de rendre des comptes à ses parrains, et les rapports se tendent. Larry veut s'émanciper. Il réussit à convaincre une banque de Pittsburgh, la PNC (Pittsburgh National City), de lâcher 240 millions de dollars pour racheter les parts de Schwarzman et de Peterson. Schwarzman était en train de divorcer et avait besoin de liquide. Il va cruellement le regretter.

Grâce à cette alliance avec une banque provinciale de la région des Grands Lacs, partenaire tranquille qui se contente, avec un quart des parts, d'engranger les bénéfices, Larry a les coudées franches pour monter en gamme et investir dans la gestion des risques en créant, entre autres, Aladdin. Il n'est plus seul, il s'appuie sur Rob Kapito, un de ses amis, rencontré à la First Boston, qui lui est resté fidèle.

Il est également suivi par les quinze membres de son conseil d'administration, composé de cinq femmes pour onze hommes[34]. Larry y est entouré du fils du milliardaire mexicain Carlos Slim[35], du patron de la compagnie d'assurances Aviva, d'un cheik koweïtien, d'un banquier canadien, d'une vice-présidente de General Electric, du CEO du groupe de cosmétique Estée Lauder, du CEO du géant de l'informatique Cisco et de son bras droit Robert S. Kapito. Mais aucun Européen…

« C'est assez classique, des gros managers retraités en stade pré-végétatif, le secteur de la tech est très représenté, c'est normal avec Aladdin. Les profils sont orientés vers les régions à développer. L'absence remarquable de représentants de l'Europe continentale s'explique facilement. Larry Fink les prend pour des clowns. C'est un *board* d'expertise, pas de contrôle effectif. Le fils Slim détonne, mais montre qu'effectivement l'emprise de BlackRock au Mexique est gigantesque », note un observateur aguerri du milieu.

Kapito est toujours dans BlackRock aujourd'hui, contrairement à PNC Financial qui vient de quitter le navire en mai 2020 en revendant 14,4 milliards de dollars ses parts (22,4 % du capital de BlackRock). Belle plus-value, même si elle aurait pu être encore plus belle, car les parts de PNC étaient fixées à 17 milliards, selon leur valorisation boursière.

---

34 — https://ir.blackrock.com/governance/board-of-directors/default.aspx?fbclid=IwAR0OZSm1I5wCFi1RSPnxWgUpNG-KIhf4rn9rQhnFCBo6reO7GXJFZtXc1eU)

35 — La réputation du milliardaire des télécoms Carlos Slim est de plus en plus discutée au Mexique et ailleurs, comme l'expose cet article du *Guardian*. De plus en plus de témoignages de repentis rapportent que Slim serait lié aux cartels de la drogue. Ses liens étroits avec l'ex-président Carlos Salinas sont également suspects. Carlos Slim, rappelons-le, est le plus gros actionnaire du *NYT* avec 17 % des parts, et actionnaire très minoritaire de BlackRock. https://www.theguardian.com/commentisfree/2019/jan/20/el-chapo-or-carlos-slim-who-is-more-dangerous

C'était le chiffre indiqué par BlackRock jusqu'à la veille de la vente. PNC, de manière étonnante, a vendu en dessous du cours et a retiré les 14,4 milliards connus. Personne ne sait pourquoi ils se sont assis sur 2,5 milliards. Jusqu'à la fin du mois d'août, le mystère planait sur les acheteurs des parts de PNC. Les nouvelles arrivent au compte-gouttes. Un fonds souverain de Singapour en a pris pour 4 milliards. Un fonds souverain koweïtien en a pris pour trois milliards. Ce type d'investisseur est idéal pour Larry, car ces fonds sont stables et n'interviennent pas dans l'administration du groupe. Pour l'autre moitié du rachat, c'est très diversifié mais la plupart des nouveaux investisseurs... sont d'anciens et solides actionnaires de BlackRock, dont les quatre principaux groupes du capital-investissement : Vanguard (qui devient un gros actionnaire de BlackRock avec 8,5 % des parts), puis State Street, Fidelity et Capital Group...

On se serre les coudes entre amis.

Cette vente survient inopinément et brutalement en raison de la crainte de voir les autorités bancaires américaines donner à BlackRock le statut de filiale de PNC, alors son plus gros actionnaire. Donc *in fine*, de banque. Ce que ne veut surtout pas Larry. Le cow-boy cherche à tout prix à échapper aux contrôles sur sa gestion, ses alliances, d'éventuels conflits d'intérêts et surtout, l'absence de fonds propres suffisants pour se lancer dans des opérations de rachats. Il veut conserver ce statut flou de fonds d'investissement ou de gestionnaire de fonds, comme aime à le définir Larry, qui a trouvé une autre formule pour décrire le métier de BlackRock. Sa firme serait « un gestionnaire d'actifs indépendants ».

L'ART
MANGE
BAIN CAPITAL
JOHN F. AKER
NEW YORK TIMES
ENTUBE
MARIO MONTI
D'IGNORER
CALPERS
ONNO RUDING
SANFORD I. Weill (ex PdG)
CATHLEEN BLACK HEARST
LES PAUVRES
IBM
FORD motor
Robert E. RUBBIN
STANLEY FISCHER FMI
Gilette
CITIGROUP
DETRUIT
WASHINGTON POST
BERKSHIRE HATHAWAY
JOHN DEUTCH ex DIRECTEUR C.I.A
MANGE
COCA COLA
CONSEIL BUSH
MOODYS
STATE STREET
William THOMSON ALLIANZ
RICHARD PARSONS
FIMALAC
1,6 Md €
FITCH
Mike BLOOMBERG
SAM NUNN
HEARST
TOTAL
Diana TAYLOR
QUICK

En y réfléchissant et en se penchant sur le fonctionnement de BlackRock, cette dimension de gestionnaire de valeurs ne prend pas en compte une couche supplémentaire dans les activités de BlackRock. Le conseil et les différents services, y compris en matière d'investissements, rendus par Aladdin. Un quart des fonds est géré par BlackRock en direct (7500 milliards) et trois autres quarts (21000 milliards) le sont à titre indirect. Aladdin et BlackRock aiguillent et conseillent clients, investisseurs, particuliers plus ou moins fortunés. Avec l'évolution de leur intelligence artificielle (IA) Aladdin, on peut aisément définir BlackRock comme une plateforme de gestion de fonds. Au même titre que Uber, Blablacar, Manomano, voire Amazon... Location de voitures, de chauffeurs, de maisons, de bricolages, de tout et n'importe quoi... Pour la plateforme BlackRock, ce serait l'argent... L'épargne des populations mondiales... *Capital without border*, disent souvent les pubs pour les banques internationales... L'argent n'a plus de frontières... Le champ est quasi libre pour Larry. Pourquoi se priver ?

Fin décembre 2019, attaquée en France par les militants écologistes, ainsi que par une partie de la classe politique, inquiète de voir Larry Fink influencer la réforme des retraites, BlackRock publie un communiqué lapidaire censé clouer le bec à ses détracteurs.

Le communiqué commence par ces deux courts paragraphes[36] :

BlackRock est un gestionnaire d'actifs indépendant, agissant dans le cadre des mandats qui lui sont confiés.

36 — Cf. annexe 3.

Les épargnants et les investisseurs institutionnels nous font confiance pour gérer leurs placements : nous avons le devoir de le faire dans le cadre des objectifs qu'ils nous fixent, et au mieux de leurs intérêts.

BlackRock n'est pas un fonds de pension et ne commercialise pas de plan d'épargne-retraite. Dans ce dernier cas, le rôle des gestionnaires d'actifs, tels que BlackRock, consiste à gérer des produits d'investissement pour le compte des professionnels de l'épargne-retraite. C'est à ces acteurs que revient le choix des produits à intégrer dans les plans d'épargne-retraite qu'ils proposent aux particuliers et aux entreprises.

Peu importe au fond ce qui définit BlackRock, l'obsession de Larry, c'est *no bank*. Certains sont *no sex* ou *no drug*. Larry, c'est *no bank*. Ce statut taillé sur mesure de « gestionnaire d'actifs indépendant » lui permet de passer sous les radars de la Fed. Larry a de la ressource et déteste qu'on vienne mettre le nez dans ses comptes. On se demande bien pourquoi…

12.

Dans le documentaire de Tom Ockers diffusé par Arte en septembre 2019, « Ces financiers qui dirigent le monde », une archive illustre à merveille le danger que représentent BlackRock et la gestion solitaire et expansionniste de Larry. On est en juillet 2016, dans une émission de CNBC. C'est un programme de télévision convivial et plutôt institutionnel où les clashs sont rares. Larry, en costard bleu foncé passe-partout, longue cravate en soie et lunettes dorées, est assis sur un divan aux côtés d'un gestionnaire de *hedge funds*, un vieux loup richissime de Wall Street : le milliardaire Carl Icahn[37]. Il faut se méfier des vieux loups, surtout quand ils sont riches, car ils se sentent parfois pousser des ailes et oublient les convenances.

Face à un Larry Fink qui n'en croit pas ses oreilles et se tasse de plus en plus, Carl Icahn énonce, hilare : « Je crois

---

37 — Sa fortune atteignait 16,8 milliards de dollars en 2019, selon *Forbes*, soit 15,4 milliards d'euros. Il a en partie inspiré le personnage de Gordon Gekko joué par Michael Douglas dans le film d'Oliver Stone, *Wall Street*.

que BlackRock est une société extrêmement dangereuse. Et je suis sérieux. » Il use alors d'une métaphore pour expliquer la situation financière du pays et le rôle de BlackRock : « On est comme dans un bus-discothèque dans lequel tout le monde est en train de boire un verre. Ils sont tous là à s'amuser. Et vous savez qui le pousse ? Ce sont Larry Fink et Janet Yellen[38] qui conduisent. Ce sont eux qui poussent ce satané bastringue. » Icahn accuse Fink et Yellen, dans cette émission très suivie par les cadres et les managers, de risquer sciemment une nouvelle crise financière. Il va même plus loin. Alors que la présidente de la Fed semble un moment consciente du danger, Larry, dans une sorte d'ébriété assumée et suicidaire, pousserait tout le monde à la faute et au krach : « Ce bus est sur sa lancée, et Janet cherche de temps en temps à le freiner. Janet est inquiète et Larry n'est pas d'accord, il veut laisser continuer la fête et les fêtards crient : "Non ! Ne freinez pas ! On s'éclate !" Et ils foncent droit vers une falaise. Et le bus fonce… Ce bus va plonger, et au bout il y a une falaise et vous savez sur quoi il va s'écraser ? Sur un *black rock*… Un rocher noir. »

They are going to hit a black rock.

Carl se bidonne. Larry, moins.

Tout le monde pouffe sur le plateau de CNBC, sauf le patron de BlackRock qui bafouille deux ou trois phrases pour dire qu'il ne souhaite avoir et n'a aucun contrôle sur les marchés financiers qui pourraient s'emballer : « Ils sont contrôlés par tous ceux qui y participent. » Rideau.

38 — Présidente de la Réserve fédérale des États-Unis (Fed) entre 2014 et 2018.

C'est une séquence stupéfiante car, en deux minutes, nous sommes confrontés à une putain de vérité. C'est la télé, je sais. Mais justement, la télévision, qui plus est américaine, qui plus est sur une chaîne type BFM Business, bienveillante à l'égard de l'argent et des puissants, rend l'échange encore plus savoureux, improbable, inquiétant. Un milliardaire en affronte un autre. L'un est un rentier, un utilisateur du système, un type pour qui une fin de mois a la même saveur qu'une fin de siècle. Et un acteur du système, un dieu vivant du back-office, un fils de pauvre. Le milliardaire dit son inquiétude de voir le besogneux foutre la machine en l'air. Le milliardaire est vieux. On peut espérer qu'il n'a aucune inquiétude pour son avenir. Non, il nous dit juste que là, ça craint... Ça craint vraiment de laisser les clés du camion à Larry... Il s'est déplacé à la télévision pour faire passer ce message-là. Le système sur lequel le capitalisme s'est construit, qui l'a enrichi mais a aussi tenu les pauvres en laisse, est peut-être en train de prendre une voie sans autre issue que le saut dans le vide, si on laisse un type comme Larry au volant.

Que peut faire Larry, à part sourire niaisement et dire que non, tout va bien, tout est sous contrôle ?

Tout dans son attitude, sa gestuelle, ses mots, trahit son grand embarras et exprime le contraire.

Le film se poursuit plus laborieusement avec Stefan Walter, le directeur général de la BCE : « Les banques doivent posséder plus de fonds propres ; avant la crise, elles en avaient peut-être 8 ou 9 % en moyenne. Aujourd'hui, elles en ont dans la zone euro entre 13 et 14 %. C'est une moyenne, les chiffres peuvent varier. »

On est rassuré.

BlackRock brasse aujourd'hui bien plus d'argent que la plupart des banques, mais la multinationale est nettement moins contrôlée : comme elle n'est pas un établissement bancaire et qu'elle n'accorde pas de crédits, elle n'est pas considérée comme étant d'importance systémique. N'ayons pas peur de dire que BlackRock est hors de contrôle. Hors-sol. Loin du monde des vivants, des travailleurs, de l'économie. BlackRock n'est que spéculation.

Stefan Walter poursuit : « On dit qu'un établissement présente une importance systémique dès lors qu'il est susceptible, en cas de difficulté, de provoquer dans le système financier un choc qui pourrait avoir des conséquences négatives sur l'économie réelle. »

Le gars est patron de la BCE. Il pèse au milligramme chaque mot. Un choc ? Des conséquences négatives ?

On n'est moins rassuré. N'oublions pas que l'expression « *too big to fail* » – trop grosse pour tomber – a été inventée pour les banques et les multinationales. Elle ne signifie pas que les banques ou les multinationales sont inamovibles et ne peuvent pas tomber. Elle signifie au contraire qu'elles le peuvent, mais que si une telle issue arrivait, tout le système s'écroulerait. Et ces banques entraîneraient dans leur chute des dizaines d'autres banques et sociétés. Après tout, les dinosaures étaient aussi trop gros pour disparaître.

Souvenons-nous d'une citation d'Alan Greenspan, alors patron de la Fed, qui avait plus d'humour que l'actuel patron de la BCE : « Si vous pensez avoir compris ce que j'ai dit, c'est que je me suis mal exprimé. »

Tout d'un coup, je me sens mieux.

François Morin, économiste toulousain, a remarquablement étudié le phénomène selon lui imminent, de crise systémique. Il s'est intéressé surtout à la trentaine de banques dites « systémiques » (dont quatre sont françaises), car trop grosses pour être contrôlées et toutes interconnectées. « Il suffit que l'une d'elles perde la confiance des autres et tout le système financier planétaire s'écroule[39] », prévient-il.

Sauf si, comme en 2008, une nouvelle fois, les banques centrales ou l'argent du crime viennent sauver le système bancaire. La crise bancaire était d'une telle violence que même le Conseil fédéral suisse a été contraint de venir au secours d'UBS dont l'action s'était effondrée. Il n'y avait qu'une seule source d'argent disponible à l'échelle mondiale capable de donner un ballon d'oxygène aux banques internationales: l'argent de la drogue. C'est ce qu'expliquera, dans un rapport devenu célèbre, Antonio Maria Costa, le directeur exécutif de l'ONU, chargé de la lutte contre la drogue et le crime. Toutes les agences de renseignement ferment les yeux sur le blanchiment de 352 milliards de dollars venus des cartels mexicains. La banque américaine Wachovia, filiale de Wells Fargo, qui sert d'intermédiaire, sera condamnée à une faible amende de 162 millions de dollars.

À suivre le raisonnement et les informations distillées par les témoins de Tom Ockers, on se perd en route et on s'enfonce dans le noir. Le risque d'une crise systémique

---

39 — *L'Hydre mondiale*, Lux, 2015.

reposerait ici sur la présence en quantités trop importantes d'ETF vendues par BlackRock.

La firme de Larry travaille avec ce que les traders appellent OPM, *Other People's Money*, l'argent des autres : des fonds de pension, des assurances et des petits épargnants. C'est un élément supplémentaire qui différencie Carl Icahn et Larry. Carl considère que l'argent qu'il a gagné grâce (entre autres) aux outils de Larry (15 milliards quand même) est le sien. Larry, lui, le fils du marchand de godasses et de la prof, jouera toujours, même chez BlackRock, avec l'argent des autres.

À partir d'une dizaine de millions de dollars placés, BlackRock fournit un conseil personnalisé. En dessous, pour les plus petits investisseurs, BlackRock propose son « produit » nouveau, phare, abordable et populaire chez les boursicoteurs de tous les pays : ces étranges objets financiers non identifiés appelés – nous l'avons vu et revu – *ETF*[40].

Jusqu'où va aller BlackRock ?

Larry a construit sa notoriété et son succès sur ces fonds négociés en Bourse. En réalité, il ne négocie rien, il impose. Ces fonds collectifs sont la dernière trouvaille des banquiers et des traders de Wall Street sur laquelle s'est jeté Larry. On achète la valeur d'un indice. On n'achète plus une action ou une obligation. On se paie un lot avec un indice. C'est nouveau – en 2009 – et les ETF vont rapporter gros. « On est chez BlackRock comme chez un marchand de glaces italien », explique Heike Buchter dans son livre.

On a des dizaines de parfums et de couleurs. On peut vendre à ses clients un investissement dans le CAC 40

---

40 — Cf note 20, p. 56.

français, dans la biochimie, dans l'automobile électrique, chez les Norvégiens, dans le pétrole, l'armement, l'énergie éolienne, les boissons gazeuses. On choisit ce qui nous plaît et on achète. BlackRock va très vite devenir le supermarché mondial des ETF, le plus gros pourvoyeur de fonds négociés en Bourse du monde.

Rappelez-vous, on n'achète plus une action individuelle, mais un panier d'actions diverses regroupées sous une valeur, un indice boursier. BlackRock vous vendra, par exemple, plus volontiers pour 10 000 euros d'ETF regroupant des actions du CAC 40 plutôt que 10 000 euros d'actions Total… BlackRock s'occupe de tout… Si le CAC 40 grimpe, l'indice BlackRock grimpe de la même manière. Idem en cas de chute. Plus personne ne décide des actions à acheter. L'ETF suit la valeur de la sélection de BlackRock qui compose l'indice.

Ces ETF constituent, d'après le documentaire, un tiers des actifs de l'entreprise. Le succès de BlackRock est en grande partie dû à cette invention géniale et redoutable.

Juste avant la séquence avec Larry, Robin Wigglesworth, journaliste du *Financial Times*, reconnaît que BlackRock, en raison de ces ETF, doit être mieux surveillé. Philippe Escande, journaliste économique au *Monde*, le rejoint et admet que BlackRock est trop ignoré ou trop mal connu du public.

C'est peu, mais c'est déjà bien. Sans vouloir mésestimer la qualité de mes confrères (nous avons en commun une carte de presse), je partage l'avis d'Ernest Backes, mon premier informateur dans l'affaire Clearstream, qui n'a cessé de me répéter : « Le journalisme financier n'existe pas, il n'existe que des journalistes payés par les banques. » Backes exagérait sans doute.

13.

En juin 2009, alors que les suites de la crise des *subprimes* tiennent le monde en haleine, BlackRock rachète pour 13,5 milliards de dollars la filiale d'investissement de la banque britannique Barclays, ruinée. Une transaction colossale. Du jour au lendemain, BlackRock voit le montant de ses actifs doubler. Plus inquiétant, la société s'est lancée dans la commercialisation à très haute dose d'ETF, plus abordables. Ils sont vendus sous le vocable d'iShares et constituent très vite un tiers des actifs de BlackRock.

Les ETF ont un immense succès. Depuis la crise financière, les boursicoteurs, vaches à lait du système, ne font plus confiance aux banques. Nombre d'entre eux cherchent une solution rentable et plus *clean* pour leurs placements, d'autant que les comptes d'épargne ne rapportent plus rien. Aux États-Unis, les ETF sont à la mode.

Le documentaire d'Arte reprend, et Robin Wigglesworth, le gratte-papier du *FT*, fait de même : « BlackRock est le plus gros pourvoyeur d'ETF. Cela nous a permis à tous d'épargner à moindre coût. Mais l'énorme pression que cela a créée a contraint les gestionnaires d'actifs à baisser leurs tarifs. L'an dernier, le prix de ces services est tombé à un niveau historiquement bas : deux fois moins élevé qu'il y a vingt ans. Tout le monde a fait d'énormes économies. »

Là, soyons honnêtes, le gars défend les ETF. Rien ne tient pourtant dans ce raisonnement tautologique. J'adore cette manière dont ces journalistes engoncés dans leurs statuts et leurs salaires s'approprient le peuple, l'Amérique... *Tout le monde...* Même ceux qui sont fauchés ? Ceux que la finance a laissés sur la paille ? Ceux qui n'ont pas de quoi bouffer ?

Passons.

Que se passerait-il si *tout le monde* voulait vendre ses ETF ? Qui sauverait le système ?

Christopher R. Whalen, témoin du documentaire et banquier à Wall Street, n'en sait rien.

Il apparaît évident qu'une société de gestion – ce qu'est BlackRock – n'a pas suffisamment de réserves, de fonds propres, en cas de désastre.

On arrive au Canada. David Schumacher est un témoin clé du documentaire d'Arte. Il est professeur assistant d'économie financière à la McGill University (Canada) et a publié une étude intitulée : *Who is afraid of BlackRock?* (« Qui a peur de BlackRock ? ») en collaboration avec deux autres chercheurs. Ils militent pour la régulation de toutes les institutions financières.

Le film montre que si tout le monde panique et vend ses ETF en même temps, le système financier souffre et se déséquilibre, voire plus.

Celui qui sauve le système, c'est l'acheteur. Si on vend l'indice CAC 40, il est probable que, même en cas de chute, on trouve un prix qui corresponde à la nouvelle valeur. Tous les marchés fluctuent avec la loi de l'offre et de la demande. C'est vrai pour les ETF comme pour n'importe quel produit de commerce.

Le système des ETF peut-il imploser? Le système a mis en place des « coupe-circuit », des seuils de baisse (de hausse aussi) auxquels les transactions s'arrêtent pour permettre aux opérateurs de vérifier ce qu'il se passe dans le marché et de retrouver un fonctionnement normal.

Un titre peut s'effondrer en cas de faillite, mais un indice reflétant un panel de valeurs phares, représentatif de l'économie française par exemple, peut difficilement imploser ou s'effondrer. À moins – pour le CAC40 – que la France ne soit rayée de la carte, mais c'est une autre histoire.

Tous les ETF n'ont pas la stabilité du CAC 40.

Qui va acheter des ETF s'ils sont en train de plonger? Bonne question.

Un ancien salarié de BlackRock, rencontré à San Francisco par le réalisateur, exige l'anonymat. Il redoute les poursuites de la multinationale. On se croirait soudainement plongé dans un doc sur la scientologie. Larry Fink en Ron Hubbard. Le gars explique qu'il a vendu beaucoup d'ETF à ses clients. La pression chez BlackRock pour réussir ces ventes était *énorme*. BlackRock et Vanguard (son principal actionnaire) se partagent deux tiers du marché de ces portefeuilles d'actions d'un nouveau genre. Et leurs parts grimpent.

Des millions d'Américains, intoxiqués par la publicité, veulent sécuriser leur épargne-retraite grâce à des ETF. Ils placent leurs revenus dans BlackRock, qui leur versera plus tard une pension.

Ben voyons.

Il faut regarder plusieurs fois ce documentaire, par endroits confus, pour en appréhender les ellipses et ce qu'il nous raconte. En creux.

Dans un tribunal californien se joue un procès étrange, disons *BlackRock contre BlackRock*. L'entreprise contre ses salariés. BlackRock aurait transféré l'argent de la pension des salariés à des fonds obscurs et surtout encaissé des frais sur chaque opération. Le géant du capital-investissement aurait ainsi oublié l'intérêt capital de ses salariés, dans le but de faire grimper ses bénéfices. L'ancien salarié explique: « Il est probable que BlackRock fera traîner la procédure encore des années, et que je ne toucherai pas un centime. BlackRock a manqué à ses obligations. »

Le 3 septembre 2019, le juge de district américain Haywood S. Gilliam Jr. a rejeté – en grande partie – les requêtes de BlackRock contre la *class action* de ses salariés. L'affaire continue, donc.

Larry ? Un commentaire ?

BlackRock, c'est du très lourd. D'ailleurs, même le très prudent Christopher R. Whalen, patron de la BCE, le reconnaît : « BlackRock pèse si lourd qu'il influence le marché. » *Idem* pour Steven Davidoff Solomon, professeur de droit à Berkeley : « BlackRock est la cheville ouvrière des marchés financiers. Ils ont une énorme responsabilité. »

On sent bien que le réalisateur craint les procès et qu'il rame pour accoucher d'une morale, mais à la toute fin du film, il finit par trouver un témoin qui lâche la clé de l'édifice.

Oui, BlackRock sert à consolider le système et à « rendre les riches encore plus riches ».

What a surprise !

14.

Flash-back.

BlackRock, sans la maîtrise et la toute-puissance d'Aladdin, n'est rien.

À lire l'ouvrage d'Heike Buchter, on saisit ce qui a fait passer BlackRock de société riche et prospère à *number one* et championne du monde interlope des affaires : la crise des *subprimes* de 2008.

L'épisode, raconté par Katrina Brooker, une journaliste de *Fortune,* est révélateur. Le 15 septembre, Larry a quitté Wall Street pour un voyage à l'étranger. Lorsqu'il descend de son avion après une dizaine d'heures de vol, il apprend l'impensable : la banque Lehman Brothers est en faillite. Elle est rayée de la carte. Merrill Lynch a été revendue à Bank of America et AIG, l'assureur omnipotent dont le sigle est réapparu et subsiste encore aujourd'hui, vacille : « Je me suis senti comme Charlton Heston sur la Planète des singes », déclare, avec un humour peu coutumier, Larry Fink à la journaliste.

Dans le film d'anticipation, inspiré du roman français de Pierre Boulle, un astronaute joué par Charlton Heston croit avoir atterri sur une planète lointaine peuplée de singes batailleurs, mais il tombe, à la fin de son périple, sur les restes de la statue de la Liberté. Il comprend que les hommes ont détruit la Terre et que sa civilisation a disparu.

« Pour Fink et son équipe, c'était le début d'une transformation. D'un gestionnaire d'actifs avec une préférence pour les obligations et des analystes intelligents, ils devenaient l'un des grands acteurs des coulisses de la haute finance et de la grande politique », écrit Heike Buchter.

En octobre 2008, au lendemain du désastre des *subprimes*, perdu et ne sachant plus à quels saints se vouer, le département du Trésor américain et la Réserve fédérale appellent Larry Fink et BlackRock au secours, pour faire le tri dans les comptes de l'assureur AIG entre les titres sains et les titres toxiques…

Grâce à son réseau d'amitiés forgé dans le monde politique – entre Wall Street et les arcanes du pouvoir à Washington, les va-et-vient sont légion – et sa réputation de supercalculateur de risques, Larry Fink sait se rendre indispensable et accepte toutes les missions qu'on lui confie, surtout celle de dénouer les fils du krach de 2008, de traquer les crédits véreux et d'empêcher que le gouffre ne se creuse. Cette mission lui est confiée sans appel d'offres. « On n'avait pas le temps, on était dans l'urgence », se justifiera la Maison-Blanche. Larry, son sens du calcul et son opportunisme aident Obama à sauver Citigroup, la première banque américaine, en fixant le montant de la somme à investir.

Le 23 novembre 2008, à la suite d'une baisse du cours des actions de Citigroup d'environ 70 %, le gouvernement fédéral américain garantit plus de 300 milliards de dollars de ses actifs en échange d'une prise de participation dans l'entreprise pour 27 milliards de dollars[41].

Obama paiera sans discuter en faisant marcher la planche à billets.

« L'histoire de BlackRock est l'histoire d'un renversement du pouvoir à Wall Street », affirme Heike Buchter.

Sous l'égide de Larry, la multinationale conquiert le monde grâce à deux activités, le conseil et l'investissement. Entre les deux, Larry Fink, dont le cerveau est inhumain, nous promet qu'il a installé « une muraille de Chine ». *Chinese wall,* les Blackrockers ne jurent que par cette expression et cette promesse. Il existerait une cloison étanche entre les deux activités pratiquées par BlackRock.

Autrement dit, Larry assure que ceux que sa société conseille en investissement ne bénéficient pas des informations de ceux qui interviennent pour informer de l'état des comptes d'untel ou d'untel. Même si souvent, ce sont les mêmes.

On est obligé de le croire sur parole, car aucune enquête sérieuse et indépendante n'a jamais été menée sur BlackRock, firme tentaculaire devenue rhizomique et trop influente pour être questionnée.

Et puis quand même, stupide et inconséquente, la question se pose : par quel bout prendre BlackRock ?

---

41 — AFP, « *Les autorités américaines volent au secours de Citigroup* », *Le Devoir,* 2008 (consulté le 25 novembre 2008) ; « *A lifeline for Citigroup* », *The Economist,* 24 novembre 2008 (consulté le 25 novembre 2008).

15.

Dans une interview au début des années quatre-vingt-dix, Larry reconnaît que parfois, les outils informatiques, en créant de la valeur, « peuvent s'emballer et devenir non maîtrisables ». Il devrait se relire aujourd'hui car, même pour la prudente Heike Buchter, ces outils informatiques sont le principal problème et le danger grandissant qui nous pend au nez.

Pour gagner à long terme la partie et des marchés, bien avant l'arrivée des *big data*, Larry a fabriqué Aladdin, son monstre informatique qui, un jour peut-être, prendra le pas sur l'homme. Et se retournera contre lui. Ce n'est pas moi qui délire. C'est Larry lui-même qui le craint et le prédit.

Mais, pour arriver à cette captation par Aladdin et Larry des marchés financiers, il fallait posséder un savoir-faire informatique, une infrastructure capable de calculer ces indices, de les sécuriser, de les rendre fiables pour les clients. C'est là qu'Aladdin et la vision de Larry trouvent leur raison d'être et leur utilité.

Aladdin est une intelligence artificielle. C'est le diminutif d'*Asset, Liability, Debt and Derivative Investment Network*. Aladdin est né de la paranoïa maladive de Larry Fink sur le risque. Il a installé ses ordinateurs géants, qui moulinent en permanence, à Wenatchee, au bord du fleuve Columbia, à quatre mille kilomètres de New York, sur un territoire indien du nord des États-Unis où, en raison de nombreux barrages, l'électricité est la moins chère du pays.

Pendant des siècles, la tribu des «gens du fleuve» s'est installée le long des rives dans des huttes en roseaux. Ils vivaient de la pêche au saumon. Mais les fermiers européens s'appropriaient de plus en plus de terres. Finalement, des ingénieurs sont arrivés et ont fait construire des barrages. Ces derniers ont barré le passage aux saumons qui remontaient chaque année le courant depuis le Pacifique pour le frai. Aujourd'hui, les derniers descendants des Wanapum vivent dans de modestes maisons que la compagnie d'électricité a construites pour eux. Les fournisseurs d'électricité exploitent désormais les quatre cents barrages. Ils retiennent les eaux du Columbia et de ses affluents depuis les années 1950. Ce qui a volé leur existence aux Indiens, a jeté les bases d'une nouvelle industrie dans le bassin du Columbia : les centres de données.

Voilà ce que nous apprend Heike Buchter qui, tout au long de son livre, à travers l'ascension de BlackRock, conte, par petites touches, une histoire de l'Amérique.

Elle revient sur la manière dont les grands groupes américains, après la Seconde Guerre mondiale, ont acquis la conviction qu'ils pouvaient dominer aussi bien le marché intérieur qu'extérieur. Ils sont tombés sur l'ogre chinois qui les a en partie mangés. La mondialisation a entraîné la chute de géants comme General Motors et, peu à peu, les entreprises ont cherché des moyens de se défaire de leurs responsabilités sociales. Ronald Reagan, pendant sa présidence, fait beaucoup de dégâts en privatisant la retraite des Américains. Il est relayé outre-Atlantique par Maggie Thatcher… Mitterrand résiste mais pas suffisamment. Il devait nationaliser les banques. C'était dans le programme commun de la gauche. Après des mois d'hésitation, il finit par écouter Jacques Delors et le lobby bancaire plutôt que Pierre Mauroy et les affreux communistes. On connaît la suite.

Outre-Atlantique, on a un coup d'avance, l'administration républicaine américaine pousse l'État à aider, non plus les salariés, mais les entreprises en favorisant des plans d'épargne-retraite individuels par capitalisation. Le risque, en cas de disette économique, n'est plus à la charge de l'employeur. On puisera dans les poches de plus en plus vides de l'employé.

Avec cette politique sans vision à long terme, ni d'autres projets que moins d'État, moins de dette publique, moins d'impôts et plus de liberté d'entreprendre, on en arrivera rapidement au moment où les poches seront réellement vides. L'échéance approche. Les poches sont trouées. Les enfants ont faim.

Voilà où mène le système spéculatif à petites doses, mais à échelle planétaire, prôné par l'homme aux lunettes d'or.

Putain, Larry…

Qu'est-ce qui te pousse à aller si loin ?

Grâce à ceux qui ont soufflé à l'oreille de Ronald Reagan, les Rockefeller *and co*, les nouveaux plans d'épargne des salariés américains se sont ouverts au marché boursier.

Il en est toujours ainsi avec les capitalistes agissants, je veux dire les tenants du capital, je veux dire les patrons, les gros actionnaires et leurs thuriféraires. Ils nous expliquent que plus d'État, c'est plus de dette publique, donc un transfert de charges sur les générations futures. Mais c'est du baratin. Ils se moquent éperdument des générations futures.

Au début, un peu comme dans une pyramide de Ponzi, la cagnotte rapporte gros, puis un peu plus, puis un tout petit peu plus, puis un peu moins, mais ça passe, jusqu'à ce que ça casse, et que ça devienne catastrophique.

On en est là.

Il a fallu trente ans, à la louche, depuis Reagan.

L'épargne des travailleurs américains migre vers des fonds d'investissement pour la retraite. Les fameux fonds de pension... Les retraités américains donnent ainsi le fruit d'années de labeur à des sociétés financières ou des banques d'affaires en vue comme Fidelity, Pimco, Vanguard, BlackStone puis... BlackRock. C'est la montée en puissance des gestionnaires de fonds.

Revenons au fleuve Columbia. Les sociétés de l'Eldorado numérique cherchent à faire des économies sur ce qui leur coûte le plus cher. L'énergie. BlackRock, ainsi que des banques, des sociétés financières aux immeubles rutilants sur l'Hudson, mais aussi Yahoo, Microsoft et Dell, installent leurs serveurs à proximité de Wenatchee.

Étrange ironie. On continue à voler les Indiens.

Étrange revanche entre barons de la finance et du numérique, leurs ordinateurs, même imposants, sont infiniment plus petits et moins gourmands en énergie que ceux de Larry. Les lignes de code du programme d'Aladdin n'ont pas d'égales sur la planète numérique, sauf peut-être celles de Facebook et de ses milliards d'abonnés.

Les calculs surchauffent jusqu'aux câbles qui alimentent les ordinateurs de BlackRock. Heike l'explique très bien dans son livre :

Aladdin grandit quotidiennement, toutes les heures, toutes les minutes, toutes les secondes. Parce qu'il est constamment nourri avec de nouvelles données. Enfin, et surtout, comme chez Google et d'autres sociétés technologiques, ces données sont fournies volontairement par les utilisateurs. Dans ce cas, il s'agit des grands investisseurs. Aladdin sait où va le capital sur notre globe, il sait aussi d'où il vient. Même les informations sur les consommateurs ordinaires peuvent trouver leur chemin vers Aladdin. Des centaines de personnes ont travaillé sur les programmes composant Aladdin pendant plus de deux décennies. Aladdin consiste désormais en une armée de milliers d'analystes et d'environ six mille ordinateurs qui exécutent des centaines de millions de calculs par semaine. Une installation à rendre la NASA jalouse.

Les valeurs administrées par Aladdin en une année ont été estimées en 2019 à 18 000 milliards de dollars.

Dépasser les bornes...

En 2020, elles viennent de franchir les 21 500 milliards de dollars.

No limit...

THE CARLYLE GROUP
DAVID M RUBENSTEIN
BDM
HAMILTON
Booz Allen
UNITED DEFENSE INDUSTRIES
Qinetiq
Kinder Morgan
Alliance Boots
HERTZ
Nilsen COMPANY
Dr Pepper / Seven Up Bottling
William E. CONWAY
2 Mds $
D'AGNIELLO
JOHN MAJOR
Grande Bretagne
Crédit Suisse
EMERSON ELECTRIC
FRANK CARLUCCI
VICOMTE Étienne DAVIGNON
Belgique
Fidel RAMOS
Philippines
TAKESHI ISAYAMA
JAPON
Royal DUTCH Shell
BARRICK GOLD
Karl OTTO POHL
Allemagne
Fritz GERBER
SUISSE
IBM
TOSHIBA
Alfonso CORTINA
ESPAGNE
OSCAR FANJUL
ESPAGNE
Charles ROSSOTTI
MERRILL LYNCH
JAMES BAKER III
CEES VAN LEDE
PAYS BAS
AIR FRANCE
Peter BENTLEY
CANADA
Laurent BEAUDOIN
CANADA
LAZARD Canada
DAVID O'BRIAN
CANADA
LUIS TELLEZ KUENZLER
MEXIQUE
Allan GOTTLIEB
CANADA
THAKSIN SHINAWATRA
THAILANDE
Ex PREMIER MINISTRE
ARNAND PANYARACHUN
THAILANDE
AIG
Michael KIM
Corée du Sud
HAREB MASOOD AL DAHAREE
Emirats Arabes Unis
ABU DHABI investment AUTHORITY
UBS capital
Kuwait
SOLVAY
FORTIS
BASF
TOYOTA
ACCOR
FIAT
TRANSCANADA
MOLSON COORS BREWING
FAIRMONT
GULF CAPITAL

Le danger réside dans le fait que la planète finance se connecte à Aladdin. Il faudrait que BlackRock fasse rapidement un *spin-off* de son IA, qu'Aladdin soit clairement séparé de BlackRock, sinon le risque systémique ira grandissant.

16.

Quand BlackRock remporte le concours de la Commission européenne en matière de conseil pour environnement, il le doit sans doute – personne ne l'a fait remarquer – d'abord à Aladdin. La Commission a acheté la vélocité et les diagnostics de l'intelligence artificielle de Larry.

BlackRock conseille la Fed, la BCE, Airbus, Exxon, JPMorgan, Apple.

Voilà ce que rapporte Heike Buchter :

Les banques centrales sont des clients très intéressants, elles disposent de précieuses informations. Surtout pour les acteurs du marché. Parce que personne ne peut contrôler des marchés comme eux. Oui, certes, il y a les fameux « chinese walls *», ces précautions organisationnelles grâce auxquelles les entreprises doivent empêcher leurs collaborateurs d'apprendre ce qu'ils ne devraient pas savoir. Mais quand on mentionne les «* chinese walls *» à Wall Street, on obtient généralement un sourire et un haussement d'épaules en retour.*

Pour ne prendre que des sociétés françaises[42], BlackRock possède 6,3% de Total, 6,5% de Sanofi, 6,4% de Publicis, 5,9% de Danone, 6% de Schneider, 5% de BNP Paribas, 2,74% de Peugeot, 1,9% de LVMH, 4,97% de Pernod Ricard…

BlackRock vote aux assemblées générales de dix-sept mille sociétés dans le monde.

Jusqu'à présent, BlackRock, conscient de son statut d'actionnaire passif, s'interdisait d'intervenir dans les jeux de pouvoir. On croyait cette règle tacite mais immuable. Sauf que la donne a changé. En 2020, entre janvier et juin, environ la moitié des assemblées générales auxquelles BlackRock pouvait voter a vu la multinationale prendre des positions opposées à celles du pouvoir en place…

Chaque année, au moment de Davos où il est un roi, Larry le Modeste écrit aux actionnaires des sociétés dans lesquelles BlackRock investit en utilisant un langage sibyllin, et rarement un mot plus haut que l'autre.

« Toute entreprise doit contribuer positivement à la société », a-t-il ânonné cette année…

À force d'investir partout, BlackRock se retrouve avec des propriétés communes, et logiquement concurrentielles. Par exemple, BlackRock possède 1% d'Adidas et 3% de Puma. Et le groupe est actionnaire de nombreuses compagnies aériennes concurrentes.

---

42 — https://graphseobourse.fr/blackrock-les-participations-du-fonds-dinvestissement-dans-le-cac-40/
https://www.nouvelobs.com/economie/20170628.OBS1352/larry-fink-je-vois-une-europe-forte-dans-les-annees-qui-viennent.html

C'est généralement le souci de ces fonds qui grossissent et investissent dans un secteur donné. On peut difficilement leur reprocher de faire un investissement sectoriel, tous les fonds exercent une activité de *stock picking* (ils picorent) dans tel ou tel domaine. Pour certains, la présence de BlackRock au capital, même très minoritaire, devient une marque de reconnaissance. On fait partie du « club BlackRock ». En revanche, le jour où Larry Fink ou Warren Buffett se mettent à vendre, pour une simple prise de bénéfice, tous les actionnaires serrent les fesses.

Larry Fink a 68 ans. C'est presque un gamin par rapport aux 90 ans de Warren Buffett. Comme en politique, il n'y a pas de limite d'âge ni de test d'intelligence à passer pour chevaucher un monstre financier planétaire. À lui seul, Warren Buffett peut se faire une ligne de 91 milliards de dollars sur Apple sans respecter aucune règle de diversification. « La diversification est une protection contre l'ignorance, plaide-t-il, cela n'a pas beaucoup de sens si vous savez ce que vous faites[43]. »

La propriété commune est la règle, pas l'exception. Quatre fonds – Vanguard, State Street, Fidelity et BlackRock – sont majoritaires dans les cinq cents plus grosses sociétés américaines.

Et je ne vais pas énumérer ce qu'il en est pays par pays.

Nation par nation.

Ce renoncement face aux banques de Wall Street à ces gestionnaires de fonds est pitoyable. Tous les souverainistes

---

43 — https://fr.investing.com/news/stock-market-news/warren-buffet-bafoue-largement-lune-des-regles-de-base-de-linvestissement-1962693

peuvent en faire leur beurre. Mais ils sont incapables de résister à cet état de fait, sauf à remettre en cause la notion de propriété.

Mais c'est une autre et très longue histoire.

« La propriété, c'est le vol », affirmait Pierre-Joseph Proudhon, avant de compléter : « Propriété et société sont choses qui répugnent invinciblement l'une à l'autre : il est aussi impossible d'associer deux propriétaires que de faire joindre deux aimants par leurs pôles semblables. Il faut ou que la société périsse, ou qu'elle tue la propriété. »

BlackRock prend aussi beaucoup de participations dans le secteur aérien où des accords de non-concurrence ont occasionné une augmentation de 11 % du prix des billets d'avion comme le montre le documentaire de Tom Oakes. Martin Schmalz, un chercheur allemand d'Oxford, y témoigne et y met en cause cette gestion qui lèse le consommateur au profit de l'actionnaire. Il est entendu en 2018 par la Commission fédérale du commerce à New York. BlackRock a toujours refusé de s'abaisser à répondre à ses accusations. Ce jour-là, Barbara Novick, vice-présidente de BlackRock, est contrainte de descendre dans l'arène : « Renoncer à la propriété commune en limitant l'investissement à une entreprise par secteur rendrait la possession de portefeuilles diversifiés désormais impossible. Or, cet engagement est crucial dans la chaîne de responsabilité. Il bénéficie autant aux actionnaires qu'à la société tout entière », avance la principale collaboratrice de Larry, devant les caméras d'Arte. Il bénéficie surtout à BlackRock… Personne n'a eu le courage de lui dire que sa défense était nulle.

BlackRock semble intouchable.

Larry Fink a créé un duopole avec son concurrent Vanguard. À eux deux, ils gèrent 66 % des revenus des retraites par capitalisation aux USA et 50 % en Europe (où elles sont encore très minoritaires).

Ils en veulent encore et toujours plus. D'où les liens tissés en France avec Emmanuel Macron.

Dans le film diffusé par Arte, l'ancien salarié de la filiale de BlackRock à San Francisco, qui a peur de témoigner à visage découvert, passait son temps de travail, dix heures par jour, poussé par sa hiérarchie – donc du haut de l'échelle par Larry –, à convaincre ses interlocuteurs d'acheter des ETF. Le but était que BlackRock et ses actionnaires deviennent « de plus en plus riches ». Par ces achats d'actions indifférenciées, il a aussi donné de la valeur aux sociétés dans lesquelles BlackRock a investi. A-t-il enrichi ses clients ? Pas toujours... Son rôle était de leur faire croire à la qualité du produit boursier vendu. Et à sa fiabilité. Bien souvent, les clients de BlackRock ne savent pas dans quoi ils prennent des parts.

Ce qu'Heike Buchter traduit bien dans son livre : « L'unique objectif du capital-investissement est d'augmenter le profit des propriétaires. Que des emplois soient ensuite créés ou supprimés, cela n'est qu'un effet secondaire. » Elle illustre ensuite ce qu'est le surréalisme financier : « Dans le capitalisme financier 2.0, le lien entre les propriétaires et les entreprises s'est transformé en une chaîne de plus en plus longue. Les maillons intermédiaires sont des administrateurs professionnels qui agissent au nom des vrais investisseurs. Le phénomène porte un nom : c'est la "séparation de la propriété de la propriété"... Cela sonne comme une référence à Magritte, qui a écrit “Ceci n’est pas une pipe” sous l’image d’une pipe. »

Ce que, presque deux siècles plus tôt, Proudhon avait en partie prévu et déjà dénoncé : « Par elle-même, la propriété est une puissance d’égoïsme, qui pousse l’homme, s’il ne rencontre pas d’empêchement, à s’approprier tout ce qui l’entoure, hommes et choses, et à affirmer sa domination sur l’univers. »

BlackRock rencontre très peu d’empêchements dans sa stratégie de domination de l’univers financier. Il en rencontrera de moins en moins quand Aladdin deviendra le moteur de recherche de la finance. Et de la plateforme BlackRock.

Larry n’avance plus masqué à ce propos. Il a prévenu son monde, et en particulier les Français, *via* un prémonitoire article de Sophie Fay dans *L’Obs*[44] : « Avant de partir, Larry le technophile lance un petit conseil aux Européens : n’ayez pas peur de la technologie, inspirez-vous de la Silicon Valley, alliance de l’université, des entrepreneurs et de la finance. Lui-même a fait un partenariat avec Google pour utiliser davantage d’intelligence artificielle dans l’analyse de l’information. Son entreprise de gestion financière devient peu à peu une société de logiciels. D’ici à cinq ans, il pense même que la vente à ses clients de la plateforme Aladdin – une solution informatique qui leur permet d’avoir en temps réel une vision très claire de leurs risques, voire d’automatiser leur gestion – représentera 30 % de son chiffre d’affaires. D’ailleurs, à Wall Street, les ordinateurs remplacent à vitesse

44 — *L’Obs*, 28 juin 2017.

grand V les financiers à bretelles. » Cinq ans. Au printemps 2022. Le temps presse…

Ça devrait bientôt dégraisser sec à Wall Street, mais aussi chez BlackRock…

« Cette automatisation de la finance n'est-elle pas dangereuse à terme ? » s'inquiète la journaliste. Réponse de Larry, tout sourire : « La technologie améliore les connaissances et les compétences financières… La technologie ne remplace pas l'humain, c'est un mythe. Mais ceux qui refusent de s'y adapter seront balayés par ceux qui s'en saisiront. »

Dans deux ans, à en croire ces prévisions, Aladdin sera le meilleur ami du boursicoteur, de l'épargnant et du retraité par capitalisation. Et Larry, si personne ne vient lui casser les bonbons, sera le roi des investisseurs. Il triplera au minimum son salaire et passera largement en tête de toute la clique des banquiers de Wall Street. Peut-être même qu'il entrera dans le classement *Forbes* des cent hommes les plus riches de la planète.

« Vous voulez assurer votre avenir, bienvenue chez BlackRock, qui vous présente Aladdin, le génie de la capitalisation boursière. Tapez le montant de vos investissements dans la case bleue et faites-nous confiance. »

Let's go.

17.

Les États, tous continents confondus, semblent avoir capitulé face à la toute-puissance de BlackRock.

En testant, sur commande publique ou de banques centrales, la résistance des banques américaines ou européennes, Aladdin a un accès quasi illimité à des informations sensibles.

À plusieurs reprises, on a soupçonné ses dirigeants de délit d'initié, comme en Grèce ou en Irlande, au moment de rachats d'entreprises que BlackRock avait auditées. Ou au Mexique, où le président Lopez Obrador, après une entrevue avec Larry Fink, a renoncé à la nationalisation de Pemex, la compagnie pétrolière, et à l'abandon d'un oléoduc entre le Mexique et le Texas où BlackRock avait des intérêts et des clients.

Larry sait s'entourer partout où il investit. Il a ainsi embauché le fils du milliardaire mexicain Carlos Slim et débauché pour BlackRock un des hommes de Pemex au conseil d'administration du gestionnaire de fonds de pension mexicain.

Il n'y a guère qu'à Berlin où Larry a cédé. Après avoir racheté, un peu cher, Deutsche Wohnen, une société immobilière, il a voulu augmenter ses loyers, et a dû manger son chapeau de cow-boy. L'été 2019, devant la colère et la mobilisation des Berlinois, les manifestations de rue, l'union de la gauche dite « radicale » et des écologistes, les élus au conseil municipal – pourtant dévoués à BlackRock – ont finalement gelé les loyers sur cinq ans. L'action de la société immobilière a chuté de 20 %. Larry en a été mécontent, mais il a vite enfoui cette perte dans sa monstrueuse comptabilité.

BlackRock est devenu le plus gros investisseur de la planète. Et de loin. Mais la firme est moins contrôlée qu'une banque, car elle n'est pas considérée comme d'importance systémique. On peut voir dans cette étrangeté un nouveau et grave danger.

Pour BlackRock, l'objectif permanent – sa raison d'être – est de continuer à gagner des marchés et des subsides, d'apporter encore plus d'argent des investisseurs dans leurs fonds. La proximité des dirigeants de BlackRock avec les hommes politiques ouvre des potentialités infinies. Et Larry est très habile pour les séduire. Il est le meilleur ambassadeur de BlackRock. En s'inspirant des méthodes utilisées par des banquiers proches, comme Jamie Dimon, P.-D.G. de JPMorgan Chase, banquier le mieux payé de Wall Street, il s'est constitué un réseau et des stratégies efficaces. Par exemple, il explique qu'il est démocrate, mais continue à siéger dans les commissions d'entrepreneurs montées par Trump et les républicains. Il se dit démocrate, mais il ne s'est jamais opposé à la casse du Dodd-Frank Act, acte fondateur de la présidence Trump.

Christopher Dodd et Barney Frank, tous deux élus démocrates, ont porté et fait voter cette importante réforme au Sénat américain dès 2010. Elle visait à surveiller et contrôler les acteurs financiers de Wall Street. La réforme avait été voulue et poussée par Barack Obama après la crise des *subprimes*, mais les lobbies bancaires avaient bataillé ferme pour retirer ses mesures les plus coercitives. En vain. Après d'âpres querelles, les ogres de Wall Street ont fini par céder.

L'idée principale de la réforme était d'empêcher une faillite comme celle de Lehman Brothers et la création de banques ou de gestionnaires de fonds – type BlackRock – gigantesques et incontrôlables. Pour ce faire, des régulateurs pouvaient imposer des redécoupages et des taxes. La réforme imposait également à ces acteurs financiers de disposer de fonds propres importants et mobilisés, afin de brider la spéculation ou la titrisation des crédits, en particulier hypothécaires. Les acteurs de la finance devaient également pouvoir retracer l'ensemble de leurs investissements et, surtout, subir le contrôle d'un bureau de la protection financière des consommateurs[45]. Parmi ces consommateurs, les retraités, dont les pensions étaient convoitées, étaient particulièrement choyés. Un article de la loi leur était consacré. Il limitait les frais de commission des sociétés de gestion, en cas de conseils en investissement. Il empêchait aussi les conseillers financiers d'orienter leurs clients âgés vers des placements qui risquaient de « rogner l'épargne-retraite ». Ces articles ont été bloqués puis abrogés.

---

45 — Appelé le CFPB, *Consumer Financial Protection Bureau.*

Si le Dodd-Frank Act avait perduré sous Trump, il est peu probable que BlackRock aurait pu se développer dans les proportions qu'on sait aujourd'hui.

La raison pour laquelle Donald Trump, malgré ses excès et son populisme de bazar, a été soutenu par bon nombre des plus importants et sérieux financiers de Wall Street, tient à cette promesse de vider de sa substance la réforme bancaire d'Obama. Ce qu'il fait trois mois après son élection, grâce à Steve Mnuchin, ancien dirigeant de Goldman Sachs, devenu son secrétaire d'État au Trésor.

Le Dodd-Frank Act est considéré en 2010 par la presse comme la plus vaste réforme du système financier américain depuis la Grande Dépression de 1929. Cela n'a pas beaucoup ému Donald Trump qui, trois mois après son entrée en fonctions, déclare : « J'ai demandé à mon administration de réduire drastiquement Dodd-Frank parce que, franchement, j'ai tellement de gens, des amis à moi qui ont de belles entreprises et ne peuvent pas emprunter d'argent. Ils ne peuvent tout simplement pas obtenir d'argent parce que les banques ne les laissent tout simplement pas emprunter à cause des règles et règlements de Dodd-Frank[46]. »

Larry ne critique jamais ouvertement Trump. Il sait sans doute ce qu'il lui doit. Dans un entretien aux *Échos*, il rappelle qu'il est démocrate, mais ajoute que Trump sera

---

46 — « Trump takes first step to scale back financial regulations » (« Trump fait le premier pas pour réduire la régulation financière »), 3 février 2017.

réélu, car « l'histoire tend à prouver que quand l'économie reste forte, on a tendance à réélire le président sortant[47] ».

C'était avant la crise du Covid.

47 — *Les Échos*, 14 juillet 2019.

18.

À l'instar des GAFAM (Google, Apple, Facebook, Amazon et Microsoft), Larry a fabriqué en trente années la plus grosse et la plus lucrative entreprise transnationale dématérialisée. Son génie consiste, entre autres, à faire croire à chaque pays où BlackRock déploie ses tentacules qu'il est aussi la terre d'élection de BlackRock. La firme n'aurait pas vraiment de nationalité. Elle est belge en Belgique, française en France, italienne en Italie, anglaise à Londres. Chaque fois qu'il débarque sur un marché, il implante un centre d'affaires dans la capitale et développe une communication appropriée et locale. Larry aime les boulangers à Paris, les frites à Bruxelles et les pizzas à Rome.

Il a bien compris que pour avoir accès à ce grisbi-là, l'argent des retraites et des épargnants, il allait devoir nous embrouiller.

Une question fondamentale, de celles qu'on ne peut ignorer, se pose alors : dans notre monde actuel, si fragile, si incertain, quel responsable politique pourrait décemment confier à des mains américaines l'épargne ou la retraite des Français ?

Et pourquoi pas aux Russes ou Chinois dans ce cas-là ? La boucle serait définitivement bouclée.

À bien réfléchir, on est saisi d'effroi de constater que le processus est enclenché, car personne ne contrôle véritablement Larry Fink. Et personne ne tient véritablement BlackRock, sinon Larry et Aladdin.

C'est bien ce qui est le plus angoissant dans cette histoire qui s'écrit devant nos yeux.

Aladdin est une intelligence artificielle du genre phénoménal. Un mégarobot, super-super intelligent et connecté sur le monde, qui amasse tout ce qu'il trouve sur la planète depuis trente ans.

N'oublions pas l'obsession de Larry. Sa peur de prendre le moindre risque. Son premier échec à la First Boston – où il n'a pas pu prévoir la chute des taux d'intérêt décrétée par la Fed, ce qui lui a fait perdre 100 millions de dollars – l'obsède. Depuis 1990, il a investi des centaines de millions de dollars en matériel et en salaires pour payer un bon millier d'analystes qui font usiner six mille ordinateurs H24, et traitent des centaines de millions d'informations par jour. Pour faire des économies, nous l'avons vu, il a parqué ses ordinateurs au milieu des champs de pommes, dans d'immenses hangars climatisés au bord du fleuve Columbia où l'électricité est la moins chère d'Amérique.

Tout remonte à Wenatchee... La moindre déclaration politique de Nadine Morano, le conseil du plus petit trou du cul d'analyste bossant pour BFM Business, le fait divers de dix lignes dans le *Berry républicain*, la victoire en N2 d'une équipe de basket sponsorisée par Amazon, l'achat d'un appartement en bord de mer à Oléron, d'une voiture neuve à la succursale Audi de la zone commerciale d'Augny (Moselle), d'un cochon d'Inde ou d'un berger australien dans une animalerie au même endroit, le nombre de pompiers intervenant lors d'une inondation en Alsace, la présence d'un nid de frelons asiatiques en Charente, un mort du cancer de la gorge à Bastia, une saisie de drogue au Maroc, la qualité des armes ayant servi à des terroristes au Mali, l'annonce d'une redoutable sécheresse qui s'attaque aux chênes dans les forêts vosgiennes : tout est enregistré, encodé, mouliné, classé, traduit par Aladdin qui calcule, projette et recalcule ces données. Pour ensuite pondre des tendances et des conseils. En matière financière.

Dois-je investir dans Audi ? Dans la vente d'armes ? Les nouvelles poches de chimio de Sanofi ? L'immobilier de bord de mer est-il porteur ? Amazon est-il toujours un bon plan ? La droite dure peut-elle revenir en France ? Auchan va-t-il acheter les animaleries Truffaut ? Faut-il investir dans la fabrication d'avions Canadair ? Dans les produits financiers privatisant l'eau des lacs et des rivières ?

Aladdin est, nous l'avons vu, l'acronyme d'*Asset, Liability, Debt and Derivative Investment Network*.

Le sigle inventé par Larry brasse large. Aladdin serait donc un réseau d'informations pour investissements en actifs, passifs, dettes et produits dérivés.

On discerne l'idée et l'ambition de Larry, qui invente la lampe magique et fabuleuse, capable d'accomplir les vœux des boursicoteurs et autres épargnants : « Génial Aladdin, dis-moi si je vais être riche, très riche ou juste un tout petit peu riche ? »

Aladdin a été créé au début des années 1990 par BlackRock solutions. L'objectif était de développer un outil d'analyse et d'aide à la décision permettant d'évaluer les portefeuilles d'obligation disponibles sur le marché. Ce programme d'analyse du risque devait assurer le développement de l'entreprise. Il est aujourd'hui le centre nerveux de l'empire BlackRock, devenu la plus grande société de gestion d'actifs dans le monde. Cette solution, qui s'appuie sur l'analyse et le traitement de métadonnées collectées, enrichies et actualisées en permanence, propose maintenant aux utilisateurs internes et externes une évaluation approfondie et transversale de toutes les catégories d'actifs, publics ou privés. Aladdin est également l'algorithme de prévision conjoncturel et incontournable dans le monde financier. Lors de la crise financière de 2008, de nombreux gouvernements proches du naufrage ont fait appel au groupe de Larry Fink et à son IA. Ces marchés et contrats ont permis à Larry de renforcer son emprise sur l'économie mondiale et de présenter à tous le visage d'une entreprise providentielle…

Entre investisseur actif ou passif, on se perd un peu.

BlackRock a toujours été un actionnaire actif.

Les Blackrockers sont des investisseurs passifs, mais des actionnaires actifs.

Ils sont investisseurs passifs *via* leurs ETF et fonds passifs, car, si par exemple le patron de Total décidait de se retirer du pétrole pour devenir 100 % renouvelable, ils ne pourraient pas désinvestir, revendre leurs parts. Ils ne peuvent pas sortir et aller voir ailleurs un concurrent plus petit et plus à leur goût. Ils sont bloqués.

En revanche, ils sont actionnaires actifs car, s'ils ne peuvent pas revendre leurs parts, ils peuvent en revanche voter contre les projets qui ne leur plaisent pas dans les assemblées générales.

Ils sont actionnaires d'autant plus actifs qu'ils sont investisseurs passifs : c'est leur seul levier.

Ils sont actifs d'une manière très particulière. En effet, ils sont quarante-six (et encore, ils viennent d'engager dix personnes de plus) pour gérer les relations avec environ quinze mille entreprises face à eux. Pas de quoi faire de l'ingérence au quotidien.

Ils se contentaient jusqu'à présent de voter pour ou contre les nominations (ou les renouvellements) de managers selon leurs intérêts. Ils sont assez binaires : soit les managers sont avec eux, soit ils sont contre eux.

C'est un lobby extrêmement puissant, car un manager de Total qui se fait virer par BlackRock est certain de ne plus jamais retrouver de boulot dans un autre groupe pétrolier mondial. Un représentant de BlackRock sera bientôt au *board*, autrement dit au conseil d'administration, de tous les groupes importants et pourra bloquer des nominations. Pour la plupart de ces gens, arriver au *board* d'un groupe est l'objectif d'une vie. Ils se conforment naturellement et a priori à la culture de leur entreprise et à la stratégie managériale du P.-D.G.

2020 a sonné le glas de la passivité relative de BlackRock, qui s'opposait rarement à l'avis général et à la volonté d'un président de conseil d'administration. Ils sont en train de faire évoluer leur pratique en agissant de plus en plus sur le fonds et la stratégie des groupes[48].

Avec l'acquisition pour 1,3 milliard de dollars, en mars 2019, de e-Front, une société française spécialisée depuis 1999 dans les solutions de gestion de portefeuilles et d'analyse de la performance et des risques, Larry marque de nouveaux points et consolide son avance sur ses concurrents. e-Front comptait sept cents clients dans quarante-huit pays : « Nous sommes positionnés sur un marché extrêmement compliqué, explique Tarek Chouman, le directeur général d'e-Front[49]. Nous opérons sur le marché des sociétés privées, dont les données ne sont pas disponibles publiquement, ce qui les rend difficiles à collecter… e-Front a développé sa propre capacité à récolter les données de sociétés non cotées. Au début, des employés entraient ces données manuellement dans les applications, ce qui n'était pas vraiment viable. Grâce à notre leadership croissant, nous avons pu automatiser ce *process* de façon totalement unique sur le marché. »

Cette pépite de l'ingénierie française est une aubaine pour BlackRock qui n'hésite pas à allonger un milliard de dollars de plus que son concurrent anglais Bridgepoint. Quatre ans plus tôt, en mars 2015, Bridgepoint avait lâché 300 millions de dollars à son fondateur français (alors ravi de signer à ce prix).

---

48 — Durant leur dernier exercice, ils ont multiplié par deux leurs engagements (prise de contact avec un groupe), voir ce document page 8 : https://www.blackrock.com/corporate/literature/publication/our-commitment-to-sustainability-full-report.pdf?utm_source=newsletter&utm_medium=email&utm_campaign=newsletter_axiosgenerate&stream=top

49 — Au magazine *Challenges*, le 29 mars 2019.

« La combinaison d'e-Front et d'Aladdin, la plateforme d'investissement de BlackRock utilisée par plus de deux cent vingt-cinq institutions dans le monde, va établir un nouveau standard en matière de technologie de gestion des investissements et des risques », justifie alors BlackRock dans un communiqué.

Dans ce secteur, on le voit ici, l'information sur les trésoreries, les stratégies, les difficultés des sociétés a une valeur inestimable. En rachetant si cher e-Front à un concurrent européen, Larry assoit encore plus son hégémonie sur la finance. Bientôt, plus aucune tête ne dépassera. Le rêve ultime de Larry.

19.

Larry a beau promettre que nos craintes de voir Aladdin se tromper, dérailler ou prendre le pas sur les humains sont risibles, *bullshit* et Cie, on peut raisonnablement douter de son assurance.

La littérature abonde de mises en garde toutes plus flippantes les unes que les autres sur les dangers d'un excès de confiance envers les intelligences artificielles.

Elon Musk, le milliardaire de Tesla et de Space X, a investi dans un programme de recherche sur l'IA concurrent de BlackRock : le DeepMind de Google. Il s'est confié au *New York Times* fin juillet 2020[50] pour dire à quel point il était terrifié par l'avancée des recherches de Google. « C'est un projet à contrôler de près, car il peut constituer une sérieuse menace pour l'humanité dans un futur très proche, explique Musk, pour qui DeepMind surpasse l'intelligence humaine.

---

50 — Ben Gilbert : « Elon Musk says he's terrified of AI taking over the world and most scared of Google's DeepMind AI project », *Business Insider* ; https://www.nytimes.com/2020/07/25/style/elon-musk-maureen-dowd.html

La nature de l'intelligence artificielle qu'ils construisent écrase tous les humains dans tous les domaines. » Elon Musk fait dans cet entretien le parallèle entre DeepMind et *Wargames*, le film de John Badham, sorti en 1983, avec Matthew Broderick dans le rôle principal.

L'intrigue repose sur un ordinateur « réputé plus fiable que l'être humain » piraté par un adolescent joueur. L'intérêt du film et son intrigue résident dans le fait que l'IA de *Wargames* ne fait pas la différence entre le jeu et la réalité. Elle va ainsi se lancer dans une guerre nucléaire contre la Russie. Tous les voyants sont au rouge, car des missiles sont actionnés par le robot intelligent. Tout aurait pu mal finir si un professeur humain plus malin que les autres ne l'avait fait disjoncter en la mettant face à un dilemme : une nouvelle partie de morpion, ce jeu d'alignement de croix, mais sans autre adversaire que lui-même. L'IA joue des parties interminables et finit par gagner, et perdre, et se perdre. L'escalade destructrice s'interrompt de justesse. L'ordinateur prend conscience, c'est du cinéma, qu'une guerre nucléaire, comme une partie de morpions contre soi, n'a jamais de vainqueur car la destruction est totale. Il prend une dernière fois la parole et lâche de sa voix métallique : « Drôle de jeu où pour gagner, il ne faut pas jouer. »

Tout étant numérisé ou presque, Musk pense que ce scénario est aujourd'hui possible, mais que la guerre pourrait aller à son terme. « L'intelligence humaine sera devancée par l'IA dans les cinq prochaines années. » Cela ne veut pas dire que tout ira mal dans cinq ans, simplement que « les choses deviendront instables ou bizarres », précise-t-il. S'il a décidé d'investir dans le programme DeepMind, c'est pour suivre de près son évolution : « Les gens sous-estiment les capacités de l'IA, ils pensent que c'est un humain intelligent, mais ça va aller bien au-delà. Les personnes très intelligentes se trompent si elles pensent gagner la partie... Nous devons avoir peur de ce que nous créons... »

Elon Musk est critiqué par de nombreux scientifiques pour ses positions jugées alarmistes.

Mais quatre chercheurs londoniens viennent de donner du crédit à l'angoisse du milliardaire. Ils devraient inquiéter jusqu'à Larry Fink. Ils ont en effet répertorié dix-huit catégories de crimes potentiels pouvant être commis par une IA. De la voiture autocommandée tueuse au robot-guerrier, ils ont présenté ces cas à une trentaine d'experts, à qui ils ont demandé de mesurer la dangerosité et l'imminence de ces crimes. L'étude a l'objet d'un article scientifique[51].

« L'exercice a abouti à un atelier de deux jours sur "l'IA et la criminalité du futur" avec des représentants du monde universitaire, de la police, de la défense, du gouvernement et du secteur privé. Le but de l'atelier était de répertorier les menaces criminelles et terroristes potentielles découlant de l'adoption croissante et de la puissance de l'intelligence artificielle, et de classer ces menaces », résume le protocole.

Il ressort de ces avis d'experts que la crainte la plus imminente et inquiétante est de loin celle de voir se développer des *deepfakes*, ces trucages d'images vidéo réalisés par des IA qui superposent des fichiers audio et vidéo sur d'autres vidéos, rendant indécelables les arnaques. L'exemple le plus

51 — Le 5 août 2020 : https://crimesciencejournal.biomedcentral.com/articles/10.1186/s40163-020-00123-8

célèbre est celui où Obama traite Trump de « sombre merde ». La vidéo, fabriquée par une IA, a été vue trois millions de fois en avril 2018, avant qu'Obama ne fasse un démenti. Elle circule toujours, naviguant dans cet espace trouble où vérité et fiction se chevauchent, où on ne sait plus très bien, à moins d'un travail d'enquête, démêler le vrai du faux.

« Des imitations convaincantes de cibles suivant un script peuvent déjà être fabriquées, et des imitations interactives pourraient suivre », notent les chercheurs anglais qui craignent que ces *deepfakes* deviennent invincibles, notamment parce que les algorithmes à l'origine de leur fabrication sont très difficiles à repérer.

Deux dangers apparaissent clairement ici. Celui de *deepfakes* orchestrées par un ennemi de Larry, un concurrent ou un groupe de hackers qui pourraient faire chuter artificiellement certains cours, polluer Aladdin avec de fausses infos. Ou celui de voir Aladdin fabriquer lui-même des *deepfakes* indécelables, truquant ainsi des chaînes d'investissement au bénéfice de privilégiés...

Dans un article éclairant sur les communicants travaillant pour Georges Bush qu'il appelait les « magiciens de la Maison-Blanche[52] », l'écrivain et chercheur Christian Salmon évoquait « la stratégie de Shéhérazade ». Elle consiste à raconter des histoires fabuleuses pour faire oublier les désastres d'une politique. Salmon évoque dans son article une anecdote livrée par Ron Suskind, Prix Pulitzer, alors journaliste à l'origine de nombreuses révélations pour le *WSJ*.

---

52 — *Le Monde diplomatique*, décembre 2007.

Quelques jours après l'élection de Georges Bush, en 2002, le journaliste croise Karl Rove, le principal conseiller de Bush. Ce dernier moque le journaliste en lui soufflant qu'ils ne vivent pas dans le même monde. « Vous appartenez à ce que nous appelons la communauté réalité. » (*the reality-based community*). Il ajoute : « Vous croyez que les solutions émergent de votre judicieuse analyse de la réalité observable. » Suskind acquiesce et murmure quelque chose sur les principes des Lumières et l'empirisme. Rove le coupe : « Ce n'est plus de cette manière que le monde marche réellement. Nous sommes un empire maintenant, poursuivit-il, et lorsque nous agissons, nous créons notre propre réalité. Et pendant que vous étudiez cette réalité, judicieusement, comme vous le souhaitez, nous agissons à nouveau et nous créons d'autres réalités nouvelles, que vous pouvez étudier également, et c'est ainsi que les choses se passent. Nous sommes les acteurs de l'histoire. [...] Et vous, vous tous, il ne vous reste qu'à étudier ce que nous faisons[53]. »

Salmon cite également Ira Chernus, professeur de l'université du Colorado, qui explique que Rove a appliqué, pendant les deux mandats de M. Bush, la « stratégie de Shéhérazade » : « Quand la politique vous condamne à mort, commencez à raconter des histoires – des histoires si fabuleuses, si captivantes, si envoûtantes que le roi (ou dans ce cas les citoyens américains, qui en théorie gouvernent notre pays) oubliera la condamnation capitale. Rove joue avec le

53 — Ron Suskind, *The New York Times*, 17 octobre 2004, « Without a doubt : Faith, certainty and the presidency of George W. Bush », (« Sans aucun doute : la foi, la certitude et la présidence de George W. Bush »)

sentiment d'insécurité des Américains, qui ont l'impression que leur vie leur échappe.» Ce qu'il a fort bien réussi en 2004 lors de la réélection de M. Bush: détourner l'attention des électeurs du bilan de la guerre en Irak en convoquant les grands mythes collectifs de l'imaginaire américain «Karl Rove, explique Chernus, a fait le pari que les électeurs seraient hypnotisés par des histoires à la John Wayne, avec de "vrais mecs" combattant le diable à la frontière – en tout cas suffisamment d'Américains pour éviter la sentence de mort que les électeurs auraient pu prononcer à l'encontre du parti qui nous a conduits au désastre en Irak. [...] Rove ne cesse d'inventer des histoires de bons et de méchants à l'usage des candidats républicains [au Congrès]. Il s'efforce de transformer toute élection en théâtre moral, en un conflit opposant la rigueur morale des républicains à la confusion morale des démocrates. [...] La stratégie de Shéhérazade est une grande escroquerie, construite sur l'illusion que de simples histoires moralisantes vont nous donner un sentiment de sécurité, indépendamment de ce qui se passe dans le monde.»

Avec l'élection de Donald Trump, les États-Unis, leur machinerie politique, guerrière mais aussi financière, semblent s'être encore plus détournés de la réalité que sous Bush et Rove. Trump et son entourage sont devenus les producteurs d'une fiction qu'ils veulent nous imposer.

BlackRock et la légende d'une richesse offerte au monde par des achats d'ETF, gérés par une IA imbattable, en font partie. Larry fascine Michel Sapin. Bruno Le Maire est à plat ventre devant lui. Emmanuel Macron lui fait des yeux de biche et lui tape sur l'épaule. La presse, en particulier

VIX
INDICE de la PEUR
EADS
CAP GEMINI
CHINA INVESTMENT CORPORATION
AREVA
DETRUIT
BLACKSTONE
STANDARD & POOR'S
VIX=INDICe de PEUR
HENRI PAULSON, SEC. TRÉSOR
ROBOT TRADER
FRANK CARLUCCI EX CIA

financière, lui tresse des lauriers, accusant ceux qui l'ont critiqué, au moment des manifestations contre la réforme des retraites, d'antiaméricanisme primaire.

En témoigne cette tribune dans *Le Monde* datant du 9 janvier 2020 :

Un petit air d'antiaméricanisme flotte sur la France, qui ne doit rien à Donald Trump. Après McDonald's pourvoyeur de « malbouffe », Amazon fossoyeur de l'emploi et Goldman Sachs porteur du capitalisme mondialisé, un nouveau géant a réveillé ce sentiment solidement ancré depuis deux siècles dans une partie de l'opinion : BlackRock. Il y a quelques mois seulement, le premier gestionnaire d'actifs au monde était inconnu du vulgum pecus*; il est devenu le Grand Satan, puisqu'il est entendu qu'il a été à la manœuvre dans la réforme des retraites. La preuve ? Son patron-fondateur, Larry Fink, siégeait à la droite du président de la République, le 10 juillet 2019, au palais de l'Élysée, lors d'une réunion sur… la finance verte,* résume Julien Muguet avant de conclure. *On ne peut pas à la fois regretter qu'une partie importante des 1 500 milliards du CAC 40 soit entre des mains étrangères, au risque de voir investissements et embauches décidés dans de lointains sièges sociaux, et empêcher l'apport de capitaux nécessaires à la croissance des entreprises à travers l'épargne-retraite des Français.* « Encore un effort pour devenir capitalistes ! » *leur dit M. Fink. Mais avant qu'on fasse d'eux un peuple de petits actionnaires…*

Larry peut être satisfait du *storytelling* réalisé en si peu de temps. Même s'il est encore loin derrière ses concurrents français gestionnaires d'actifs comme Amundi, BNP Paribas,

Axa ou Natixis[54], il peut espérer beaucoup de la suppression des régimes spéciaux de retraites et de la volonté manifestée par Emmanuel Macron de voir les cadres à hauts revenus, au-delà de 10 000 euros de salaire mensuel, libérés de cotisations sociales. Libérés. C'est ça, le libéralisme version Fink-Macron. Pas tout à fait celui de Tocqueville...

Au moment où Alexis de Tocqueville écrivait *De la démocratie en Amérique*, ouvrage de référence des libéraux, l'esclavagisme était encore la norme. Une majorité de libéraux – Auguste Comte, Charles Dunoyer, Benjamin Constant – le justifiait comme nécessaire au développement de l'industrie et de la société. Ces mêmes libéraux rêvaient d'un monde où le pouvoir éclairé serait aux mains d'une élite d'ingénieurs, de scientifiques et de banquiers. Tocqueville avait sèchement répondu devant ses pairs à l'Académie des sciences : « Je n'admettrai point qu'un acte injuste, immoral, attentatoire aux droits les plus sacrés de l'humanité, puisse jamais se justifier pour une raison d'utilité[55]. » Ce moment marque une scission entre deux courants du libéralisme, dont l'histoire, présentée dans les médias, est aujourd'hui trop caricaturale.

---

54 — Concernant l'épargne-retraite, les fonds gérés par BlackRock représentaient en France moins de 1 % des sommes totales. Les banques françaises ont largement la main, le fonds le plus important est Amundi, la filiale du Crédit Agricole, suivent Natixis (filiale des Banques Populaires), BNP Paribas et Axa. La seule banque étrangère à tirer son épingle du jeu est HSBC, septième et seule étrangère au milieu de quinze gestionnaires français. https://www.lesechos.fr/finance-marches/marches-financiers/epargne-retraite-derriere-la-polemique-blackrock-un-marche-domine-par-les-acteurs-francais-1161733

55 — Tribune du *Figaro* de Jacques de Saint Victor, « Tocqueville ou les deux libéralismes », 28 février 2008.

Utilité, nécessité, caisses vides, pas d'autres choix: Larry Fink et Emmanuel Macron n'ont souvent que ces arguments, relayés par des journalistes ou animateurs télé complaisants, pour justifier des réformes que seuls les libéraux les plus cyniques ne renieraient pas. Ceux qui rêvaient et rêvent toujours d'une élite de scientifiques et de banquiers pour éclairer le peuple.

Emmanuel Macron offre la liberté pour les plus riches de ne plus financer les services publics. Ils ne seront plus contraints – passé 120 000 euros par an – à la fraternité nationale. Leur taux d'imposition passera de 28 % à 8 %. Ils pourront ainsi apporter leur obole aux géants de la finance. Ils pourront investir leur épargne dans des fonds d'investissement performants et dévoués.

L'argent des riches retraités et des épargnants n'a jamais été aussi proche de l'escarcelle de Larry. Ce serait pourtant une folie que de faire dépendre les retraites des cours de la Bourse, ce que produirait inévitablement la réforme par capitalisation voulue par les lobbyistes de BlackRock (et François Fillon, une partie de la droite libérale et des enmarcheurs), lesquels aimeraient que nous calquions notre système de retraites sur le modèle américain.

La machine à fabriquer des histoires et à formater les esprits, chère à Christian Salmon[56], nous en raconte une bien belle à propos de la réforme des retraites. Comment créer un problème et une question qui n'avaient pas lieu d'être... Le système de retraite par répartition serait condamné à terme, car le nombre des actifs baisserait.

56 — *Storytelling*, La Découverte, 2007.

Ce qui est faux, il augmente. Nous serions face à un déficit abyssal, incapables de payer nos retraites malgré la générosité des premiers de cordée. Le Conseil d'orientation des retraites a montré que le déficit pour financer les retraites tournerait autour de 10 milliards en 2025 (la fourchette est entre 7 et 17 milliards). Ce qui n'est pas énorme et pourrait se résorber sans difficulté.

Le système de retraite par répartition couplé par un système de compensation par point (qui existe déjà en France) est viable et opérationnel.

Une interview visionnée des millions de fois d'un professeur d'économie de Paris VIII montre d'une manière implacable qu'il n'y a « aucun problème pour financer les retraites ». C'est ce qu'explique, dans cette vidéo, Gilles Raveaud qui révèle, sans être démenti par personne, l'existence d'un fonds de réserve pour les retraites doté de 30 milliards d'euros et que les caisses de retraite complémentaires ont 116 milliards en réserve. Ce que confirme le journal *Le Monde*[57]. Emmanuel Macron dans sa campagne de 2017 l'avait également mis en avant, affirmant qu'il n'y avait « pas de problème de financement des retraites en France ». Malgré cela, la propagande continue, toujours plus alarmiste. La Sécurité sociale serait exsangue, la population vieillissante, la jeunesse sans travail et sans volonté de financer la retraite des aînés, les services publics trop coûteux, les salaires trop taxés...

Heureusement, Larry Fink est là, généreux et loyal. Il va bien s'occuper de nous.

Foutaise.

---

57 — 6 décembre 2019, https://www.lemonde.fr/les-decodeurs/article/2019/12/06/le-systeme-de-retraites-a-t-il-150-milliards-d-euros-en-reserve_6021973_4355770.html

20.

Dans un entretien au *Figaro*[58], Larry est revenu sur sa conception du management et sa manière de séduire la clientèle partout où il passe: « Je consacre plus de temps à la culture d'entreprise qu'à tout le reste. Dans chaque pays où nous sommes présents, BlackRock s'efforce de prouver sa raison d'être. Nous ne pouvons pas être une firme américaine en France. Nous devons être français en France, italiens en Italie, mexicains au Mexique. Beaucoup d'entreprises ont oublié qu'elles devaient gagner le droit d'opérer sur certains marchés. Les multinationales doivent y penser, en particulier dans un monde où les politiques font marche arrière à propos de la mondialisation. »

Question du *Figaro*: BlackRock conseille des banques centrales, comme celle de Grèce pendant la crise. N'y a-t-il pas un risque de conflit d'intérêts avec votre métier d'investisseur? Réponse amusée de Larry qui connaît ses classiques

58 — Le 19 septembre 2018.

sur le bout des doigts : « Nous avons en effet conseillé des États et des institutions financières pendant la crise – cette activité de conseil est d'ailleurs celle qui a fait gagner de l'argent à BlackRock lors de sa création –, et nous en sommes très fiers. Nous avons su gagner la confiance des gouvernements grâce à notre capacité à analyser les risques. Mais le conseil est strictement séparé de la gestion d'actifs. Nous avons instauré un mur de fer entre les deux, et ces activités sont en permanence auditées pour vérifier son étanchéité : tout est transparent. »

Audité par qui ? BlackRock est audité, à tour de rôle tous les trois ans, par chacune des *Fat Four*. Depuis la disparition en 2002, à la suite du scandale d'Enron, d'Arthur Andersen, les *Big Five* sont devenus les *Big Four*, puis vu leur taille et leur expansion, les *Fat Four*… Deloitte, Ernst & Young, KPMG et PricewaterhouseCoopers, les *Quatre Grosses*, se partagent le marché mondial de l'audit, en particulier des banques et des multinationales. Et donc BlackRock. En ce moment, c'est au tour d'Ernst & Young de se charger de mettre le tampon de validation au géant de la *private equity*. Car c'est de cela qu'il s'agit : contre un gros paquet d'oseille, rendre chaque année un épais rapport, des milliers de pages que personne ne lit, et y accoler un blanc-seing : *Bon pour le service.*

Larry nous assure qu'il est transparent, qu'un mur étanche a été érigé entre ses activités de conseil et celles d'investisseur. On doit le croire sur parole. Le cerveau bicéphale de Larry Fink est-il lui aussi barré d'une frontière étanche ? Étant le P.-D.G. des deux branches, s'il est un homme qui, structurellement, est informé des activités de conseil et de celles d'investisseur, c'est lui.

Prenons un exemple: en conseillant la BCE, Larry découvre que les comptes d'une compagnie aérienne sont complètement plombés, que la compagnie ne sera pas soutenue par de l'argent public et que ses actions vont tomber à zéro. Peut-être même est-ce lui qui conseille de mettre la compagnie en faillite... Parallèlement, sa branche investissement met en avant cette compagnie dans plusieurs packages d'ETF. Larry nous assure que jamais il n'utilisera une information arrivée à ses oreilles par un canal pour en informer un autre. Et que, sous lui, personne d'une des branches ne communique avec l'autre. Pour le bien de ses clients, Larry laissera donc ses commerciaux vendre des actions pourries de la compagnie aérienne qui leur feront perdre de l'argent. Inversement, il nous assure que ce n'est pas parce qu'il vend des produits financiers indexés sur les actions de cette compagnie, qu'il va conseiller à la BCE de la sauver.

On voit, par ce seul exemple, que la situation est vérolée. La bataille ultime que mène Larry repose essentiellement sur le maintien de cette ambiguïté. Même si ce n'est jamais formulé et s'il ne s'est pas encore fait prendre en flagrant délit de conflit d'intérêts, Larry vend à ses clients ce double statut d'être supérieurement informé et d'investisseur.

Il a su manœuvrer pour être à la jonction de trois univers qui ont maintenant besoin de lui pour coexister. Et prospérer. Les banques privées et les champions de la *private equity*, les banques centrales et les États, les boursicoteurs et les épargnants.

Ce *mur de fer*, pour reprendre l'expression de Larry (qui nous change du *mur de Chine)*, entre activités de conseil et d'investisseur fait furieusement penser à la faillite d'Arthur Andersen, survenue en 2002 en raison d'un conflit d'intérêts du même type. Les dirigeants d'Arthur Andersen, du nom de son fondateur, étaient connus pour leur très longue histoire et reconnus pour leur expérience jamais mise en défaut. Jusqu'au bout – la faillite –, ils ont tenu à peu près le même discours que Larry. Sauf qu'on ne les a pas crus sur parole.

Arthur Andersen existait depuis 1913. La devise de son fondateur, un protestant très à cheval sur la rigueur était : « Penser droit et parler droit ». Arthur était connu pour son intransigeance. Une autre de ses devises était : « La bonne réponse, c'est la réponse qui reflète le plus fidèlement la réalité économique. » Autre époque, autre intransigeance.

Le cabinet prospère très vite et devient l'expert-comptable numéro un dans toutes les grandes villes américaines. Dans les années soixante, ils s'implantent dans les capitales européennes. Pour ses 75 ans, en 1988, sa plaquette est titrée : « Une vision de grandeur ». Le chiffre d'affaires passe de 2,8 milliards de dollars en 1988 à 11,3 milliards en 1996. En 2001, avant la chute, Arthur avait quatre-vingt-cinq mille employés. Et générait 9 milliards de revenus.

Structure coopérative internationale basée à Genève, Andersen Worldwide avait ouvert trois cent quatre-vingt-dix bureaux dans quatre-vingt-quatorze pays. Ses méthodes étaient appréciées, ses audits rarement critiqués. Ils fonctionnaient comme une secte. On y entrait par cooptation.

Chaque cadre en entrant recevait une sacoche en cuir qui coûtait un bras, estampillée des initiales de la firme.

En plus de l'audit et des expertises, la branche conseil en investissement et management marchait bien, même si, aux États-Unis, le patron de la SEC (Securities and Exchange Commission, l'organe de contrôle des marchés financiers), Arthur Levitt, un ancien avocat, s'inquiétait des conflits d'intérêts entre les branches d'audit et de conseil des *Big Five*. Arthur n'était pas le seul à avoir développé le conseil, mais il avait été le premier à le faire et il était le plus cher. Levitt militait pour une séparation de ces activités. Durant l'année 2000, Arthur Andersen, comme d'autres auditeurs, contribue aux campagnes des républicains et des démocrates, en lâchant beaucoup d'argent. On paie des deux côtés pour être sûr de gagner et d'avoir la paix. Un grand classique. Les *Big Five,* grâce à ce lobbying intense, finissent par faire accepter l'idée que le conseil est une branche relativement séparée. Mais la SEC veille au grain.

Auditeur et conseiller de la société de vente d'énergie Enron, Arthur Andersen avait même accepté de partager des bureaux avec son client. C'est dire leur promiscuité. Enron gagnait beaucoup d'argent en faisant du courtage de gaz et d'électricité. Arthur, qui les conseillait, validait aussi leur comptabilité. Personne ne venait les ennuyer, et le couple vivait dans une grande opulence financière. Des petites mains d'Arthur, lanceurs d'alerte avant l'heure, tentent bien de dénoncer certains chiffres bizarres, mais on les fait taire. Jusqu'à ce que la SEC s'intéresse à eux et se rende assez vite compte que le plus vieux et le plus sérieux des *Big Five* avait fermé les yeux sur le maquillage des comptes d'Enron.

Et quel maquillage ! Enron détournait énormément d'argent vers les paradis fiscaux et fabriquait des dettes fictives pour ne pas payer d'impôts.

« Dans une ambiance de surchauffe de l'économie et face à des honoraires plantureux, pour les services d'audit comme hors audit, le cabinet avait fermé les yeux sur la comptabilité *créative* d'Enron, et surtout détruit des documents comptables lors d'une enquête fédérale. Il s'est donc prêté à la manipulation et la dissimulation de données stratégiques, à la suite d'un conflit d'intérêts entre prestations légales d'audit des comptes et celles, plus rémunératrices, de conseil auprès d'Enron », relate une enquête de *L'Express* parue après la faillite[59].

Le 14 février 2002, quelques mois avant que la maison mère américaine n'emporte dans sa chute toutes les filiales étrangères, le responsable français d'Arthur Andersen, Aldo Cardoso, avait réuni les quatre mille salariés de la filiale française au palais des Congrès à Paris pour les inciter à ne pas renoncer, et il avait conclu son discours enflammé par un ultime acte de foi : « Nous sommes les vigiles et les consciences de la société libérale. »

C'était, sur le papier, assez juste. Larry aurait pu sortir pareil couplet à propos de BlackRock. Les auditeurs ont une lourde responsabilité dans les affaires courantes du capitalisme aujourd'hui. Leur mission est pourtant de contrôler ceux qui les paient pour ce contrôle. Les suspicions de légèreté, de complicité et de manipulation sont légion depuis la faillite d'Arthur, dont la plupart des salariés et des activités

59 — 28 mars 2002.

ont été repris par ceux qui sont mécaniquement devenus les *Big Four*.

En septembre 2014, les hypermarchés anglais Tesco confessent avoir gonflé leurs bénéfices de près de 400 millions d'euros avec la complicité de PricewaterhouseCoopers. Puis, ce même auditeur, trois mois plus tard, admet les magouilles fiscales permettant cinq cent quarante-huit accords secrets favorables à des multinationales afin de ne pas payer d'impôts. Donc de léser les États. C'est l'affaire LuxLeaks révélée par deux lanceurs d'alerte, Antoine Deltour et Raphaël Halet, qui seront poursuivis ensuite par l'État luxembourgeois et par Price. Des perquisitions illégales chez Raphaël Halet seront même organisées avec la complicité du parquet de Metz et des gendarmes. C'est dire la puissance de Price et la faiblesse du droit face à ces mastodontes... En décembre 2014, la banque espagnole Bankia est accusée d'avoir truqué ses comptes de 2011, grâce à Deloitte. En 2012, Hewlett-Packard dénonce le scandale du rachat d'une entreprise faisandée dont KPMG et Deloitte avaient validé la comptabilité. En 2011, Olympus a révélé au Japon avoir caché des milliards d'euros de pertes, avec l'approbation d'Ernst & Young. Avant, c'est KPMG qui était condamné à 450 millions d'euros d'amende pour avoir truandé le fisc américain.

Notons à la marge que Clearstream avait été « contrôlé » avec beaucoup de légèreté par Arthur Andersen au moment de mon enquête en 2002. Le cabinet d'audit avait validé la comptabilité de la chambre de compensation avant qu'un de ses auditeurs ne révèle qu'il avait dû effacer, sur ordre de la maison mère américaine, tous ces mémos qui dénonçaient les nombreuses irrégularités qu'il avait trouvées[60]. Souvenons-nous enfin de la faillite de Lehman Brothers, dont la trésorerie pourrie par des crédits hypothécaires frauduleux avait été validée par Ernst & Young...

« Big Four : le scandale des comptables de l'ombre », avait titré en une *Le Monde*, pourtant peu enclin à critiquer la finance internationale[61]. De Tesco à LuxLeaks, les quatre grands cabinets d'audit comptable qui dominent le monde de la finance accumulent les scandales et jonglent avec les conflits d'intérêts... Le journaliste évoque un « cartel devenu incontournable ». Ils auditent quatre-vingt-dix-neuf des cent plus grandes entreprises britanniques, l'immense majorité de celles aux États-Unis, toutes les sociétés du CAC 40... À 50 millions d'euros, l'audit pour les plus grosses multinationales, le marché est juteux. De quoi payer les associés en moyenne un million d'euros par an. Ces cabinets ne se contentent pas de pratiquer l'audit, qui représente moins de la moitié de leur chiffre d'affaires. Ils sont aussi devenus les acteurs incontournables en matière de fiscalité des multinationales. Ce sont eux qui imaginent les méthodes les plus efficaces pour utiliser au mieux les législations des différents pays.

Ce sont donc eux – ces glorieux *Fat Four* – que vient chercher Larry Fink quand on le titille sur son honnêteté. Il les fait tourner et les paie grassement pour prouver au monde la

60 — Témoignage de l'auditeur Florian Bourges pendant le procès Clearstream, novembre 2009.

61 — Article paru le 5 mars 2015.

qualité de sa gestion et l'étanchéité de son mur entre conseil et investissement.

Quand on jette un œil sur les cadres de BlackRock ou ceux des *Fat Four,* on est quand même alerté par les ponts permanents entre ces multinationales. Là, aucune étanchéité. C'est par centaines que les auditeurs des uns se font embaucher, puis débaucher. Il suffit d'aller faire un tour sur LinkedIn pour vérifier. La hiérarchie de BlackRock est trustée par des anciens de Price, d'Ernst ou de KPMG.

Comment dire ? *Le monde est petit... On n'est jamais mieux servis que par soi-même... Restons groupés, la soupe est meilleure.*

Autre énorme problème, confirmé par plusieurs sources interrogées pour ce livre : la très grande complexité pour auditer un monstre comme BlackRock. « Même si j'avais les coudées franches, ce qui n'est jamais le cas car on est surveillé en permanence par des gars payés pour nous encadrer, je ne saurais pas par quel bout prendre autant de données numériques. Tu imagines la comptabilité d'une boîte qui génère 30 000 milliards de cash, me glisse un auditeur qui m'avait aidé au moment de l'enquête sur Clearstream et qui est toujours en exercice aujourd'hui. De plus, à BlackRock, et ce n'est pas une légende, ils sont complètement paranos quand on touche au cœur de leur business. »

Quand j'enquêtais sur Clearstream, son ancien directeur général, Jacques-Philippe Marson, alors patron de la filiale « titres » de BNP-Paribas, m'avait expliqué que la comptabilité de la chambre de compensation était gigantesque pour être véritablement auditée : « Ce sont des "animaux" trop complexes pour être véritablement contrôlés par les banques centrales de Belgique ou du Luxembourg[62]. »

La quasi-totalité des transactions enregistrées à Clearstream, dont le siège est à Luxembourg et la maison mère à Francfort en Allemagne, ne concernent pas les pays où elles sont installées et où la firme agit et opère ses transferts. C'est le même cas de figure pour BlackRock. Ce qui rend la tâche d'un auditeur, même chevronné, quasi impossible. Un autre témoin, membre de la Commission luxembourgeoise de surveillance du secteur financier luxembourgeois (CSSF) a confirmé plus tard en instruction et sur PV que Clearstream n'avait jamais été contrôlée par l'extérieur : « Clearstream et ses actionnaires se sont toujours autocontrôlés », avait résumé le haut fonctionnaire.

On a vu le résultat.

Malgré les dénégations de Larry, BlackRock, devenu *too big to fail,* est dans la même situation… en pire. La firme de Larry est si incontournable dans le paysage financier qu'un auditeur, même motivé et indépendant (ce qui n'existe pas), aura toutes les peines du monde à dénicher une irrégularité dans les multitudes de comptes et de transactions. Double sécurité pour Larry.

Ainsi, comme prévu dans les scénarios de science-fiction, l'organe a pris le pas sur l'homme. Très peu ont la mémoire de l'outil, de moins en moins peuvent justifier et expliquer les *process*. On fait confiance à la machine, au système. À l'IA et à Larry. On ne devrait pas.

---

62 — *Les Dissimulateurs*, documentaire Canal +, mars 2001 ; *Révélations*, Les Arènes, 2001.

Vraiment pas.

— Ouvre-moi cette porte, Hal, implore Dave, dans une des scènes cultes de *2001, l'Odyssée de l'espace*[63].

Hal est le supercalculateur doté d'une IA qui pilote le vaisseau spatial Discovery. Dave est le cosmonaute sorti dans l'espace pour réparer une panne inventée par Hal. Il veut réintégrer sa capsule, mais trouve porte close :

« Ouvre-moi cette porte, répète Dave.

— Je suis désolé, Dave, je ne peux pas faire ça.

— Que veux-tu dire par là ?

— Cette conversation est désormais sans objet. Adieu. »

63 — Film de Stanley Kubrick sorti en 1968, adapté de deux nouvelles du romancier Arthur C. Clarke.

21.

Vers la fin de son livre, Heike Buchter confesse qu'elle craint cette place démesurée prise par BlackRock « un peu comme dans *La Guerre des étoiles*, quand le côté obscur de la Force devient trop puissant », écrit-elle. D'autant que Larry Fink apparaît, même s'il essaie de le cacher dans la plupart de ses récentes interviews en Europe, comme un fieffé libertarien. « Depuis six ans, on le voit beaucoup plus communiquer : dans les matinales, à Washington, à Madrid, à Londres et à Berlin. Il rédige des billets d'opinion pour le *Wall Street Journal*, accorde au journal espagnol *El País* un entretien au Ritz, parle avec les rédacteurs du *Spiegel*, leur explique que les Allemands ont trop peur d'investir », relève la journaliste.

Le message de Larry devient désagréable pour un Français attaché aux services publics, nostalgique des congés payés et de la retraite à 60 ans. D'après lui, les citoyens auraient trop peur du changement et devraient *risquer plus pour gagner plus*. C'est l'essence du message qu'il fait passer en France. Du Sarkozy, en pire. Larry est un chaud partisan de l'allongement de la vie professionnelle : « Pourquoi devrait-on être improductif un tiers de notre vie durant ? » demande-t-il dans ses interviews. À ses yeux, « c'est une bénédiction de travailler jusqu'à 68 ans », assure Heike Buchter.

Larry veut nous fourguer ses assurances retraite, oubliant que les Américains, avec l'allongement de la durée du temps de travail, ont perdu 30 % du montant de leurs retraites depuis la crise de 2008, et la mainmise grandissante des sociétés de la *private equity* comme BlackRock, sur l'économie.

Après avoir vu échouer le gouvernement belge à modifier son système de retraite, après des manifestations très importantes, Larry Fink milite pour que le gouvernement d'Emmanuel Macron retrouve « la voie de la raison ». Il lui rend souvent visite et juge notre pays sur le bon chemin, comme il le dit au journal *Le Monde* en septembre 2018[64] : « Réformer et changer le *statu quo* est dur, mais je suis convaincu que la direction prise par le président Macron reste la bonne. BlackRock croit beaucoup dans le futur de la France. Pour preuve, depuis l'élection présidentielle, nous avons doublé nos avoirs en dette souveraine française. »

En étudiant les dates des vols de son jet privé, le Gulfstream G550[65], vers Paris, et en comparant ses dates à l'agenda d'Emmanuel Macron disponible sur le site de l'Élysée, on relève beaucoup d'incohérences, mais une certi-

64 — Interview dans *Le Monde* le 19 septembre 2018 par Marie Charrel et Isabelle Chaperon.

65 — Voir p. 78.

tude : Larry Fink ne vient en France que depuis l'élection du leader d'En Marche ! à l'Élysée. Et il y vient souvent.

Le boss de BlackRock a effectué, d'après nos calculs, entre six et huit voyages en France pour rencontrer Emmanuel Macron, alors que BlackRock en reconnaît quatre.

Avant l'élection d'Emmanuel Macron, Larry Fink admet une rencontre à Davos en janvier 2016 quand le futur président était ministre de l'Économie de François Hollande. Il ne confirme cependant pas une rencontre à l'Élysée début juillet 2017. Le rendez-vous aurait été obtenu grâce à Jean-François Cirelli[66]. Aucun vol du jet de Larry n'est programmé dans cette période. Mais la journaliste du *Nouvel Obs* est formelle et l'information est reprise par plusieurs journalistes (*Les Jours*, etc.).

Larry se serait ensuite rendu à Paris, selon les vols répertoriés de son jet :

– le 23 novembre 2017, aucun rendez-vous n'est inscrit ;

– puis le 9 novembre 2018, pareil, pas de rendez-vous officiel ;

– le 4 février 2019, un trou dans l'agenda élyséen entre 12 h 30 et 16 h 30 ;

– le 15 mars 2019, journée off à l'Élysée, rien de programmé.

Ces dates de vol ne correspondent pas aux dates officialisées par BlackRock et l'Élysée :

– une réunion en octobre 2017, avec des investisseurs internationaux ;

66 — https://www.nouvelobs.com/economie/20170628.OBS1352/larry-fink-je-vois-une-europe-forte-dans-les-annees-qui-viennent.html

– en juillet 2019, une rencontre avec huit gérants d'actifs pour une réunion sur le climat (*One planet summit*) organisée par Larry et ses amis banquiers de Goldman Sachs, BNP Paribas, State Street, Natixis, Amundi et Northern Trust.

Le 20 janvier 2020, c'était la journée *Choose France* où le président Macron rencontrait des investisseurs étrangers, parmi lesquels Larry Fink et des chefs d'entreprise français.

Quels que soient les voyages avérés, Larry et ses hommes se lancent donc à l'assaut de la France, en se disant que si le verrou sur les retraites tombe à Paris, ce sera une réaction en chaîne ailleurs en Europe. L'attaque contre les systèmes de retraite est devenue le Grand Œuvre de Larry et de son représentant en France, l'inénarrable et remarquable P.-D.G. de BlackRock France, Jean-François Cirelli.

Il faut nous attarder sur lui. Surnommé *Iznogoud* à Gaz de France, où il a sévi une dizaine d'années, ce grand serviteur de l'État macronien a toujours été dans ce qu'on peut appeler les mauvais coups (contre nous, la plèbe) et les gros coups (pour lui et ses maîtres, les grands patrons, les banquiers). Là où les services publics vont être déplumés, Jean-François Cirelli, le libéral assumé, est passé. Pas étonnant de le retrouver, en fin de parcours, à la tête de BlackRock. Il y a là comme une suite logique, une montée en puissance dans la désinhibition et la volonté d'en découdre avec ceux qui ne pensent pas comme lui, qui voudraient plus d'État, de protection sociale, de solidarité.

Jef a six ans de moins que Larry, mais ils parlent le même langage, aiment tout autant le capitalisme débridé, celui qui fait confiance au marché. Si vous avez bien suivi, vous avez dû remarquer que Jef et moi, on a le même âge. Nés la même année, on n'a pas le même parcours universitaire. J'officiais en dilettante dans l'histoire de l'art et les sciences humaines. Il besognait dans le droit et les sciences politiques. Il a poussé jusqu'à l'ENA, promotion Léonard-de-Vinci, où il avait comme camarade Patrick Strzoda, qui deviendra directeur de cabinet d'Emmanuel Macron, après avoir été celui de Bernard Cazeneuve. Avoir comme pote le directeur de cabinet du président de la République facilite la vie quand on veut frimer devant son nouveau patron et avoir un rendez-vous avec le chef des Français.

Jean-François Cirelli obtient un premier rendez-vous à l'Élysée début juillet 2017 pour Larry. On n'a pas suffisamment insisté sur le fait que Larry a été reçu en premier de cordée et en grande pompe, bien avant tous les autres banquiers, patrons ou besogneux français. C'est dire l'importance qu'Emmanuel Macron accordait à BlackRock. Et réciproquement.

Jef a fait ses armes à la direction du Trésor, avant d'enchaîner au Fonds monétaire international, puis de gravir les échelons du Club de Paris, un prestigieux groupe de lobbyistes internationaux, représentant les vingt pays parmi les plus riches du globe, chargés de négocier les dettes des nations les plus pauvres, principalement africaines. Leur but jamais avoué : jouer les *go-between* avec les industriels et conserver la main et les créances sur les pays endettés, genre *je te rééchelonne ton crédit, tu me refiles tes ports ou ta bauxite*.

En 1995, on le retrouve conseiller économique de Jacques Chirac à l'Élysée où il travaille avec Claude, la fille de... qui le surnommait « Ernest-Antoine » comme le rigoriste aristocrate Ernest-Antoine Sellière. Lui, l'appelait « Arlette », comme l'égérie des luttes ouvrières (Arlette Laguiller). Ambiance. Il pilote le passage à l'euro. C'est un libéral acharné. En 2002, il devient directeur adjoint du Premier ministre, Jean-Pierre Raffarin, et il prend une grande part dans la réforme des retraites de François Fillon, alors ministre des Affaires sociales. Les premiers coups de boutoir à la retraite par répartition, l'allongement des cotisations et les débuts de la retraite par capitalisation. La désunion syndicale, malgré de grosses manifestations du printemps, empêchera le blocage du vote de la réforme à l'Assemblée. Cirelli en est le principal artisan. C'est « son plus grand sujet de fierté », écrit le journal *Le Monde*[67].

Pour le remercier de ses services rendus à la nation, Chirac l'envoie à la tête de Gaz de France, alors entreprise d'État nationalisée chargée de s'occuper de la chaleur des pauvres. On est en pleine ouverture du marché européen de l'énergie à la concurrence. Nicolas Sarkozy promet que jamais GDF ne sera privatisé. François Hollande a le même discours. Jean-François Cirelli joue pourtant, avec Gérard Mestrallet, un autre patron proche du milliardaire Albert Frère, principal actionnaire de Suez, le premier rôle dans la liquidation d'un service public qui apportait le chauffage partout avec des tarifs équilibrés. La naissance du groupe GDF Suez fait grimper les tarifs partout en France dans des proportions colossales, contrairement à toutes les promesses faites à l'époque. Et enrichit grassement Albert

---

67 — « J.-F. Cirelli, gazier de fusion », portrait un brin flagorneur de l'homme en bon vivant, affable et modeste, 3 mars 2006.

Frère[68]. Suez va rapidement manger GDF et Mestrallet faire une bouchée de Cirelli. Ce dernier profitera, en 2008, de la privatisation pour faire passer son petit salaire de haut fonctionnaire à GDF – 460 000 euros quand même — à 1 297 000 euros chez Suez. De quoi approcher celui de Gérard Mestrallet et supporter la place de numéro deux jusqu'en 2014.

On le retrouve embauché par Larry Fink en 2015 comme P.-D.G. de la branche française de BlackRock où il va activer ses réseaux de hauts fonctionnaires, d'amis énarques et de patrons, et organiser un gros lobbying pour faire passer les idées de son nouveau patron (et mentor), nous faire aimer le capital-investissement et les ETF à la sauce BlackRock. Jean-François Cirelli a ses entrées à l'Élysée, mais aussi à Matignon, où il est très populaire. Il a soutenu Alain Juppé lors de la primaire à droite aux côtés d'Édouard Philippe. « Le 5 mai 2016, quand ce dernier a présenté son programme économique devant un parterre d'élus, de donateurs et de patrons, Jean-François Cirelli était présent, au côté d'Alain Minc. Tous deux ont inspiré les propositions du candidat Juppé : sortie des 35 heures, suppression de l'ISF – mise en œuvre depuis par Emmanuel Macron… et âge légal de la retraite porté à 65 ans », relate Aurore Gorius dans une enquête fouillée parue sur le site *Les Jours*[69].

---

68 — Lire à ce propos mon livre *Les Prédateurs, des milliardaires contre les États*, coécrit avec Catherine Le Gall, Le Cherche Midi, 2018.

69 — *Les Jours*, Les Conseillers, épisode 11 : « BlackRock veut braquer les retraites » et 12 : « Cirelli en famille à Matignon », du 20 décembre 2019 et 3 janvier 2020.

Les liens entre Matignon et BlackRock sont forts et visibles. « Le Premier ministre et son directeur de cabinet, Benoît Ribadeau-Dumas, sont tous deux issus de la promotion Marc-Bloch de l'ENA (sortie en 1997). La même qu'Isabelle Mateos y Lago, directrice générale de BlackRock Investment Institute depuis janvier 2015. Basée à Londres, où BlackRock a établi son siège européen, elle conseille le vice-président, Philipp Hildebrand, sur les évolutions macroéconomiques et leurs implications en matière d'investissements », poursuit la journaliste.

La stratégie de BlackRock est toujours la même depuis que la firme cherche à vendre ses ETF et autres produits financiers en Europe. La firme chasse le meilleur influenceur et le meilleur carnet d'adresses de la place. Et c'est toujours un homme politique ou un haut fonctionnaire type Cirelli. Friedrich Merz, libéral dur à cuire rencontré à Davos, ancien eurodéputé et numéro 2 du CDU, est recruté à Berlin. Philipp Hildebrand, l'ancien patron de la Banque nationale suisse, également rencontré à Davos, a quitté la quiétude helvète pour nous vendre lui aussi le capitalisme d'investissement porté par Larry.

« À Londres, George Osborne, ancien ministre des Finances de 2010 à 2016 dans les gouvernements Cameron, rejoint BlackRock après avoir réformé le système des retraites britannique, suivi par son chef de cabinet. En Grèce, BlackRock a embauché Paschalis Bouchoris, l'ex-responsable d'un programme gouvernemental de privatisations jusqu'en 2015 », complète Aurore Gorius, qui raconte le lobbying intense auprès des *enmarcheurs* pour

Christophe BERTRAM (
Conrad BLACK (the
ELSON – KAREL VAN
OSPIN – Helmut KOHL
– JC JUNKER –
Ruud LUBBERS – Paavo Lipp
FRI
BOL
LEOR
H. V
KILL

faire passer la mesure visant à augmenter l'âge de la retraite jusqu'à 65 ans, poussée par Matignon, plus que par l'Élysée.

« Le conseiller spécial d'Emmanuel Macron, Philippe Grangeon (ex-dircom de la CFDT, président intérimaire de LREM en 2018, conseiller de Nicole Notat), tente notamment de maintenir le dialogue entre Emmanuel Macron et Laurent Berger, l'actuel dirigeant de la centrale cédétiste, alors que son opposition à toute mesure d'économie n'a pas été entendue. À Matignon, Benoît Ribadeau-Dumas, lui, défend des positions comptables, afin d'équilibrer financièrement le système. Mais ce tiraillement n'existe pas sur l'intérêt porté aux gestionnaires d'actifs en général et à BlackRock en particulier. Les deux têtes de l'exécutif les accueillent avec la même bienveillance. Et leur ouvrent très grand les portes des salons de la République », conclut-elle.

Rideau.

BlackRock est le bras armé qui vise à détruire tous projets d'émancipation, de nationalisation, partout où des initiatives non connectées à BlackRock se prennent. Là où les BlackRockers interviennent, l'État social n'a aucune place.

Comme je l'inscrivais sur mes toiles huit ans plus tôt, Larry Fink maîtrise parfaitement l'art d'ignorer les pauvres. Et de les rendre encore plus pauvres. Bien sûr, il ne le formule jamais ainsi. Larry est habile pour rebondir et nous faire croire à sa bonne étoile, comme dans cet entretien paru dans *Le Figaro*, où il enfonçait le clou de la rigueur et de la bienveillance à l'égard de ses clients[70] :

70 — Interview du 19 septembre 2018.

— Vous êtes l'un des hommes les plus puissants de la planète. Quelle responsabilité est la vôtre ? interroge le reporter français.

Quel kif d'entendre un journaliste vous confirmer que vous êtes au sommet de la planète *Power and Money* en sortant d'une entrevue avec le quadra qui a pris l'Élysée et veut remettre la France et ses vieux au travail ! Croiser ses jambes, ajuster ses lunettes cerclées d'or. Penser au chemin parcouru depuis les merdes de la First Boston. Penser à Lorri et aux pancakes de demain. Aux girouettes de North Salem qui tournent plus vite que le cerveau du type en face de soi. Finalement se dire qu'on le mérite, son milliard. Sourire avec modestie et condescendance à la fois. Et envoyer du lourd, si possible :

— Ma responsabilité n'a pas changé au cours des trente dernières années, et j'y pense tous les jours, récite Larry. Nous sommes chargés de l'épargne de millions de personnes à travers le monde, plus que n'importe quelle autre institution, et notre travail est de nous assurer que leur avenir financier soit le meilleur possible.

Quel altruisme ! Quelle abnégation ! Larry assure le rappeler chaque jour à ses salariés :

— L'important ne réside pas dans les montants que nous brassons, mais dans les économies de chaque instituteur, chaque policier, chaque militaire que nous gérons. Nous devons gagner la confiance de nos clients tous les jours, en faisant du mieux possible en matière de performance, mais aussi en leur expliquant l'importance du long terme.

Ben voyons ! On verserait presque une larme. Sacré Larry ! Pourquoi s'arrêter en si bon chemin...

— À cet égard, nous ne sommes pas assez efficaces. Trop de gens restent concentrés sur le court terme. Trop de Français conservent leur épargne sur leur compte courant, et ce n'est pas une bonne stratégie !

C'est sûr. Il vaut mieux laisser ses économies à Jean-François Cirelli et à BlackRock. Ne plus s'en préoccuper et leur faire confiance...

Alea jacta est.

22.

En 2019, BlackRock a collecté plus d'un milliard de dollars par jour. Le gestionnaire de fonds a vu ses actifs sous gestion gonfler de quelque 429 milliards de dollars, une progression record de près de 25 %. Les encours gérés par le géant américain approchent les 7 500 milliards de dollars[71].

Derrière la technologie, comme nous le raconte Bernard Stiegler, se cache une idéologie. Celle des marchés financiers tout-puissants, dont BlackRock est le dernier avatar. Derrière l'algorithme d'Aladdin, une vision se profile. Celle d'un monde sans surprise où la loi du plus fort et du mieux préparé gagne en permanence. Cette vision est une hérésie. Elle ne laisse aucune place à l'humanité ou au corps social. Derrière les équipements et les *process* ultraperformants de BlackRock se trouvent des mathématiciens, des analystes, des informaticiens, des physiciens, des cybernéticiens qui les conçoivent. Ils sont payés pour éviter les bugs et les

71 — *Les Échos*, 15 janvier 2020.

révoltes. Leur manière d'imaginer la société, leur perception de la vie même, coïncident avec les intérêts de ceux qui les nourrissent et s'en servent.

Fucking Larry.

BlackRock, c'est sa bonne mine, son assurance. Cette manière qu'il a de nous dire sa messe. Vive le capitalisme. Vive la grande lessiveuse qui tourne, nous lave et régénère le tissu économique. Vive Aladdin et ses conseils pour demain.

Larry Fink me déprime.

Je suis en panne. À mesure que j'avance dans ce récit, je découvre des pans entiers d'informations, de rapprochements, de déclarations que je n'avais pas imaginés et qui confortent mon intuition de départ. La part grandissante de BlackRock déborde des marchés financiers. Elle joue sur nos vies. Elle est dangereuse.

J'écris à un ami ayant travaillé dans ce milieu, aujourd'hui retiré des affaires. Il a surnommé le patron de BlackRock, *Larry l'Embrouille.*

Dialogue :

— Dis-moi… je suis toujours sur BlackRock, j'ai aligné quinze chapitres. Je suis en train de me relire, en particulier cet extrait qui concerne les ETF, vendus par Fink aux millions de boursicoteurs. À bien réfléchir, on est frappés, car personne ne contrôle le bordel…

— Je confirme… Et alors ? Personne ne contrôle rien. En France, vous avez beaucoup phosphoré sur Kerviel. Mais des Kerviel, il y en a partout. Chaque banque, chaque fonds d'investissement est une bombe à retardement…

— Si les clients de BlackRock décidaient unilatéralement de récupérer leur mise, les actions des entreprises partout sur le globe où la firme a investi chuteraient quasi instantanément. Personne ne serait en mesure de racheter les ETF.

— Pour qu'ils en arrivent là, il faudrait un évènement majeur. Les types qui achètent des ETF le font par téléphone. Si tu veux vendre, il faut appeler, justifier. Ça prend du temps…

— OK, mais qu'est-ce qui se passerait ? Un effondrement ? Un krach ? Ou pas grand-chose ? Tu as une idée ?

— Ben non. Les ETF, c'est particulier. Tu achètes des parts d'un fonds qui est lui-même le reflet d'une catégorie. Souvent large, mondiale. Le risque principal, c'est que la catégorie se casse la gueule. Ou que le système mondial plante. Ce dernier cas est possible en principe, mais peu probable en pratique. Il faudrait un truc énorme. D'autant qu'aujourd'hui, la réalité, c'est que la moitié des marchés financiers est tenue par les banques centrales. Elles ont tout acheté. Elles, elles inventent l'argent… C'est pour cette raison que BlackRock et Larry leur font du gringue en permanence. Le souci aujourd'hui, c'est qu'elles dépendent de BlackRock autant que BlackRock dépend d'elles.

— Prenons les ETF du CAC 40… BlackRock possède plus de 5 % d'une vingtaine de sociétés… Si l'ETF du CAC s'effondre, il se passe quoi ?

— Rien… Sinon les marchés auraient planté depuis mars 2019. Et ils tiennent. Les banques centrales tiennent les cours[72]. Ce n'est pas l'ETF qui chute. Ce sont d'abord les boîtes : ensuite, l'ETF s'il est mal pondéré.

— Et c'est quoi l'effet sur le réel ?

---

72 — https://www.bforbank.com/mag/placements/point-marches-amundi-mars-2019.html

— Le principe de l'ETF, c'est de répartir les risques. Diluer. BlackRock a ce statut aujourd'hui parce qu'il possède x ETF qui ont chacun un petit bout d'une grosse boîte.

— Donc, l'effondrement est assez peu probable ?

— Pour un effondrement, il faudrait soit un claquage mondial rapide, soit une gestion pourrie d'un ou plusieurs ETF. Mais pour BlackRock, ça ne change rien. Ils ont pris leurs commissions…

— Sur le marché obligataire et les actions, BlackRock pique des clients aux banques, non ? Surtout si Aladdin devient opérationnel ?

— Oui, et cette position hégémonique commence à agacer. Le risque pour BlackRock, ce serait une coalition de banques ou une opération genre Kerviel. Qu'un mec joue le pognon de la boutique en oubliant que ce n'est pas le sien. Là, ça peut faire de gros dégâts. BlackRock ne possède pas 1/10 000 des sommes gérées…

J'enchaîne :

— Autre question que je me pose… Je vois bien le jeu de la BCE et des banques centrales, ou de la Fed… les planches à billets qui renflouent… Mais bon, quel est le risque ? L'histoire peut continuer à l'infini… Aladdin va devenir le Google des marchés, censé prédire le risque en temps réel ?! Donc, s'il y a une grosse bêtise ou un vice, Aladdin doit le voir ?

— Pas forcément, le côté prédictif d'Aladdin, c'est la pub de Larry Fink. Aladdin ne peut rien prévoir, tout juste te permet-il de trouver une raison *a posteriori* si ça tourne mal.

— Donc, si Aladdin est dans les choux, BlackRock pourrait être balayé…

— Ça peut.

— L'édifice monté par Larry repose essentiellement sur des promesses, tout se résume à des Ponzi, au fond ? Non ?

— Oui, et un jour, si pour finir l'année il manque 300 millions de résultats et que sa boutique voit son cours tomber, alors il cherchera à faire ni vu ni connu, je t'embrouille. Je prends, disons, 300 millions sur 30 milliards en une semaine...

— Mais il les prend où ?

— Ils sont discrètement piochés chez ses clients qui se croient tranquilles avec des ETF cool placés dans l'eau ou les éoliennes... Pas de bol, le lendemain, Kim envoie péter un bon missile nucléaire en hurlant. Le marché fait -15 % en trois jours. Et Larry encaisse 5 milliards de pertes. La boîte est sur le ventre. Et ses clients plantés. Partant de là, ils vendent à fond. Mais s'il n'y a plus d'acheteurs, c'est la cata !

— Un truc comme ça peut arriver ?

— Oui bien sûr. BlackRock place en fonds propres 10 milliards sur des projets mexicains de pétrole par exemple. Le fils Slim est dans le *board*, ça aide... Mais si ça se passe mal et qu'on découvre que les 10 milliards étaient un peu aux clients...

— Dans un cas comme celui-là, la boîte va le cacher...

— Oui. La boîte annonce quand même 5 milliards de bénéfices par an pour 12 de chiffres d'affaires... Seize mille salariés... Il y a un énorme cash qui stagne chez BlackRock. C'est tentant de s'en servir, tant que ses clients ne vendent pas. Sept mille milliards de placements, dont un tiers d'ETF. Cinq milliards de bénéfices sur 12, c'est énorme...

Depuis que je me suis lancé le défi d'écrire sur BlackRock, j'ai passé des heures sur Internet à traquer la moindre information, cherchant à recouper mes sources. Et à percer les stratégies de Larry Fink. J'ai surtout lu les blogs et les newsletters de divers analystes financiers. C'est un secteur hyperconcurrentiel qui est pas mal trusté par les charlatans. Bien avant Internet, les analystes étaient déjà en concurrence et les modèles prédictifs plus ou moins drôles rivalisaient d'ingéniosité. De nos jours, le nombre « d'or » est abandonné mais les analystes techniques ou « chartistes » – ceux qui vous assurent que leur calcul est le bon alors qu'en bricolant avec des bâtons et des bougies, ils arriveraient au même résultat – inondent les sites boursiers. Prédire les krachs a toujours fait partie du jeu et du Graal. Je me souviens d'un analyste belge de la Banque Bruxelles Lambert qui prédisait un krach boursier chaque année à sa direction. Il finissait toujours par avoir raison au fil des ans, et ceux qui ne connaissaient pas son argutie de coquin le prenaient pour un grand devin.

En furetant, j'ai fait deux rencontres.

L'une avec un jeune analyste financier français installé à Lausanne. L'autre avec le gourou américain de la prédiction de krach. Tous deux ont un lien et des choses à dire sur BlackRock et m'ont renforcé dans l'idée que mon intuition était bonne quant à la dangerosité de la firme de Larry. Et que j'avais eu raison, après la censure de ma préface, d'entreprendre ce qui s'apparente à un périple hasardeux.

Guy de la Fortelle, n'est pas un devin, ne gère pas de portefeuilles, mais il livre des analyses régulièrement sur Internet. Pourquoi ne pas les prendre en compte ? Les pontes de la finance saluaient Bernard Madoff bien bas, la veille de sa chute. Guy de la Fortelle n'a pas chuté, il ne prétend pas établir de nouvelle religion financière, il ne donne que son opinion sur son site Internet[73].

Dans une vidéo postée en janvier 2020 sur son blog, il compare les ETF à de la lessive et BlackRock à un supermarché qui truque le marché en l'envahissant de ses produits discount...

BlackRock veut devenir le Google de l'investissement. C'est le dernier relais de croissance possible pour le monstre qui gère déjà 21 000 milliards de dollars, directement ou indirectement : autant que le PIB des États-Unis et plus que le Nasdaq tout entier, qui regroupe pourtant les géants américains de la tech : Google, Microsoft, Apple, Amazon... Nous sommes aujourd'hui bien conscients de tous les problèmes que pose l'hégémonie de Google. Ils ne sont rien à côté du délire de puissance de BlackRock et de son fondateur Larry Fink qui, à bientôt soixante-dix ans, a encore du temps pour dérouler son plan, mais plus une minute à perdre. Comme le monstre de Jules Verne, rares sont ceux qui savent distinguer les rouages du Nautilus *derrière la bête mystérieuse et fantasmatique. Ici, les 0 et les 1 du monstre algorithmique ont bien remplacé la tôle et les engrenages... Nous avons changé de millénaire. Le capitaine Nemo s'appelle Larry Fink, plus aimable mais non moins obscur que l'antihéros de* Vingt Mille Lieues sous les mers. *Et comme le*

73 — L'investisseur sans costume, facile à trouver sur n'importe quel moteur de recherche. J'aurais pu aussi contacter Jean-Pierre Chevallier, autre analyste financier indépendant. Il a l'habitude des procès, et sa liberté de parole est devenue une marque de fabrique, voir son blog.

capitaine Nemo, Fink semble vous dire : « Je suis le droit, je suis la justice[74]. »

L'autre rencontre est celle d'un médecin devenu analyste financier. Michael Burry est le premier à avoir prédit la crise des *subprimes*, rien qu'en étudiant la comptabilité des banques ayant accepté de *titriser* les crédits hypothécaires... Il est le héros du film *The Big Short*. Son personnage de génie autiste, écoutant du hard rock toute la journée, est joué par Christian Bale.

Le Casse du siècle (*The Big Short*), réalisé par Adam McKay, est sorti en 2015. Il raconte la crise des *subprimes* de 2008 vue par ceux qui ont essayé de prévenir la catastrophe et ont fini par spéculer en pariant sur la baisse du marché pourri par les actifs toxiques...

Burry intervient très peu dans les médias, mais il l'a fait en septembre 2019, en répondant à une interview de l'agence Bloomberg pour prévenir du danger représenté par la bulle des ETF et par BlackRock. Il assure que les investissements qui ne cessent de gonfler à destination des ETF seraient en train de créer une grave distorsion de marché. « Les investissements passifs tels que les fonds indiciels et les fonds négociés en Bourse (les ETF) gonflent les prix des actions et des obligations de la même manière que les titres de créance garantis par des hypothèques à risque », explique Michael Burry[75], qui fait une comparaison sur le marché américain

74 — Cf. annexe 4.

75 — https://www.bloomberg.com/news/articles/2019-09-04/michael-burry-explains-why-index-funds-are-like-subprime-cdos

entre la trop grande quantité d'investissements passifs et les emprunts toxiques de 2008.

On voit l'idée : à petite dose, les ETF ne posent pas de problème, mais à haute dose, le poison ferait effet.

Burry dénonce également l'aveuglement des banques centrales qui ne laisseraient plus le marché s'autoréguler et seraient trop interventionnistes. Il prédit dans un avenir proche un problème de crédit similaire à celui de 2008. « Lorsque les entrées massives dans les véhicules passifs s'inverseront, ce sera moche, comme la plupart des bulles, plus cela dure longtemps, plus le crash sera grave », dit-il, comparant le marché financier à une salle de spectacle qui se remplit inconsidérément alors que les portes de sortie et issues de secours sont minuscules et en petit nombre.

En cas de crise de confiance et de panique, on imagine le carnage.

23.

J'essaie de comprendre...

L'argument de Michael Burry repose sur la quantité d'échanges d'ETF sur le S&P500[76]. Il s'échange plus d'ETF que d'actions réelles des entreprises depuis environ un an. De ce fait, l'indice serait faussé. C'est la dose de poison – les ETF – qui ferait basculer le marché vers une zone de turbulence, car l'indice ne correspondrait plus, si l'on en croit Burry, à la réalité du marché. Les ETF ne sont pas des actions, mais des paris spéculatifs plombant à terme l'indice. C'est très compliqué à assimiler, même pour un trader aguerri.

Prenons deux écoles privées avec des élèves de niveaux disparates en seconde. Un inspecteur doit les noter. Dans l'une, vous laissez faire les profs et la vie scolaire. Dans l'autre, vous ouvrez vos portes gratuitement à une moitié

76 — Standard & Poor's, l'agence de notation américaine, livre un indice, l'équivalent du CAC 40 français, mais pour cinq cents sociétés américaines cotées en Bourse aux États-Unis.

d'élèves qui ont au moins dix de moyenne sur vingt, en leur assurant que, quoi qu'ils fassent, ils auront toujours dix sur vingt en sortant en terminale, trois ans plus tard. Chaque année, vous calculez la moyenne générale des deux écoles. Dans laquelle de ces deux écoles, la note globale indexée sur la moyenne des élèves sera la plus juste ? C'est un peu la question posée par Burry. Quelle est la valeur d'un indice dont plus de la moitié des actions sont tenues par des fonds automatisés qui ne se soucient pas de l'économie et de la réalité du marché ?

En écrivant ces lignes, je pense au néophyte pour qui un marché boursier est une bête curieuse et n'a pas d'incidence sur nos vies. Essayons de voir à quoi correspond cette métaphore du cinéma bondé, où des publics (les possesseurs d'actions et les possesseurs d'ETF) se mélangeraient puis essaieraient de s'échapper…

Il s'échange chaque jour cinq fois plus d'ETF Spy que d'actions Coty, l'entreprise de maquillage d'origine française et plus petite société du S&P 500[77]. Il en va de même pour la marque de vêtements Gap, les photocopieurs Xerox, échangés dix-huit fois moins que Spy, et pour Ralph Lauren, le ratio explose à un pour soixante-dix. Et Spy n'est qu'un ETF (certes le plus gros) parmi des dizaines d'autres qui répliquent le S&P 500. Ce ratio-là contiendrait le germe d'une catastrophe à venir.

---

77 — Les gens qui achètent des ETF Spy investissent leur argent sur l'ensemble des cinq cents sociétés de Standard & Poor's. Au lieu d'être gérés par un humain, les ETF se contentent de répliquer, de copier l'indice global. Les frais sont très faibles (de l'ordre de 0,15 % de la somme investie) comparés à ceux d'un fonds géré par un professionnel.

Reprenons...

Il y a des acheteurs et des vendeurs de ces ETF et, à la fin de la journée, les grandes banques et les institutions financières, pour éviter les déséquilibres sur les marchés, achètent ou vendent des parts de l'ETF pour compenser les différences. Elles jouent le rôle de régulateur. Mais, en cas de crise, si tout le monde vend en même temps, alors ces mêmes banques et institutions – ces *markets makers* – vont devoir vendre les actions qui composent l'ETF, y compris les *petites* capitalisations comme Ralph Lauren qui a soixante-dix fois moins de volume que l'ETF Spy. C'est comme si vous arriviez avec soixante-dix caisses de tomates à vendre sur un marché où il n'y a qu'une caisse et une file d'acheteurs. Ou à la sortie d'un cinéma bondé, avec dix mille spectateurs à l'intérieur et une toute petite porte pour sortir, un type crie : « Ceux qui ne sortent pas au plus vite vont perdre tout leur fric ! » C'est la panique.

Burry assure, graphiques, fouilles et statistiques prospectives à l'appui, qu'il y aurait en cas de crise beaucoup moins d'acheteurs que d'actions individuelles à vendre pour équilibrer les ETF, sauf à acheter ses propres actions et donc là aussi à fausser le marché. Chacun sait aujourd'hui que la cote des actions Apple (la plus élevée du marché) est nettement gonflée par le rachat d'actions par Apple elle-même. Le *market maker* – les grandes banques principalement – risque donc de ne trouver aucun acheteur pour récupérer ces actions. Dès lors, la cote baissera fatalement. Ce qui crée un cercle vicieux. Au mois de mars 2020, début du ralentissement économique lié au confinement, les baisses observées par tous les acteurs du marché ont été stoppées, avant que le cercle vicieux ne se mette en place, par la Federal Reserve qui a réagi très vite.

Chacun attend avec crainte la prochaine alerte et la réactivité de la Fed. Pourra-t-elle endiguer la vague avec la même efficacité ?

Le problème peut apparaître lointain en France, où les ETF et la gestion passive ne présentent pas de risque sur le CAC 40 aujourd'hui. Les possesseurs d'ETF sont très minoritaires, contrairement aux USA où plus de la moitié du S&P 500 est désormais gérée passivement. Mais n'oublions pas que Larry et ses troupes ont débarqué en Europe, et que la France lui déroule le tapis rouge.

Poursuivons...

La crise à venir sera, selon Burry, un problème grave de liquidités et de crédit. Celui-là même qui a fait éclater la bulle immobilière en 2008. À l'époque, tous les opérateurs du marché immobilier le pensaient increvable. Et tous dénigraient les intuitions de Michael Burry, le traitant de fou, d'oiseau de mauvais augure, de psychopathe. Aujourd'hui, après son article, on n'ose plus le critiquer aussi violemment, mais sa sortie sur Bloomberg n'a entraîné aucune réaction notable ni aucun bouleversement boursier. Étrangement, c'est le remake de ce qui s'est passé quinze ans plus tôt. Burry a commencé à mettre en cause la bulle immobilière près de deux ans avant la crise des *subprimes*. Cette mise en garde contre les ETF remonte à septembre 2019. Depuis, il se tait, comme s'il comptait les points et observait d'autres analystes et une poignée de journalistes et blogueurs reprendre timidement ses alertes.

Prenons Coty, la plus petite valorisation du S&P. Comme il s'échange dix fois plus d'ETF du S&P que d'actions Coty, si le marché s'effondre, les actions Coty vont mécaniquement baisser plus vite sur les ETF. Cela signifie que le *market maker* doit vendre des actions de chaque entreprise du S&P, y compris Coty, pour résister à la chute. Il est obligé de vendre rapidement, sur un marché qui n'a pas suffisamment d'acheteurs en temps normal, et encore moins en période de krach. On comprend peut-être mieux à cet instant la métaphore de la salle de spectacle et de la porte. Ceux qui veulent acheter et se sortir de la situation doivent agir vite, avec des fonds propres, sinon le prix de leur société va chuter et les laisser comme deux ronds de flan, à attendre une hausse ou une obole des banquiers centraux. Dans ce genre de panique, les premiers payés, ceux qui disposent d'une trésorerie importante (Apple *and co*) seront les premiers servis et les premiers sortis...

C'est une spirale qui dérape rapidement, confirme Guy de la Fortelle, *la seule raison pour laquelle le marché a tenu en mars 2020, c'est parce que les banques centrales sont intervenues massivement et rapidement. Je suis conscient que le sujet est particulièrement ardu et les problèmes cachés. S'ils ne l'étaient pas, il n'y aurait pas de problème. Ce n'est pas uniquement la faute des ETF, mais paradoxalement, ceux-ci contribuent à faire exploser l'indice en fragilisant les petites cotations qui ne sont pas assez liquides. Et tous ceux qui disent que Burry s'est planté parce que les ETF ont résisté à la crise de mars ont tort. La poussière a été balayée sous le tapis et les banques centrales sont intervenues massivement sur les marchés des ETF pour les soutenir.*

SIR Derrick MAUGHAN
KRAVIS
KKR
STATE STREET
DÉTRUIT
JO ANN Heffernan HEISEN
JOHNSON and JOHNSON
JOHN MACK

On le voit ici : les banques centrales et les grands gestionnaires d'actifs comme BlackRock avancent solidairement. Là, le cercle devient vicieux et infernal. C'est ce que dénonce Michael Burry. Et c'est aussi ce que pressentait le fondateur de Vanguard, John Bogle, avant sa mort, à 89 ans, en janvier 2019. John Bogle, vieille star de Wall Street, malade du cœur, se présentait volontiers comme un défenseur des boursicoteurs et des petits actionnaires. Il était avec Warren Buffett la figure tutélaire des petits épargnants. Capitaliste pur sucre, paternaliste, milliardaire, il avait, en quelque sorte, démocratisé le marché des actions, faisant économiser des frais et gagner des ronds, par ses conseils, à des millions d'Américains. « Un investissement dans la connaissance paie toujours les meilleurs intérêts. Si un homme investit le contenu de sa bourse dans sa propre tête, c'est une richesse que personne ne peut lui prendre », confiait volontiers Bogle.

Et notre homme n'aimait pas les ETF. Il pensait qu'elles encourageaient la spéculation et qu'elles n'étaient pas cohérentes avec l'idée d'un marché financier répondant à la loi de l'offre et de la demande. « Les gérants font rarement mieux que les marchés. Les rares d'entre eux qui parviennent à *surperformer* les principaux indices rentrent dans le rang sur le long terme. Pis, en prenant en compte leur rémunération, le rendement final pour les investisseurs ressort en deçà des indices », écrivait-il avant de poursuivre : « Les fonds indiciels devraient finir par dépasser la barre de 50 % du marché d'actions américain. Si tel est le cas, les "trois grands" [BlackRock, Vanguard et State Street] posséderont 30 % de la Bourse américaine : un contrôle effectif.

Je ne crois pas qu'une telle concentration servira l'intérêt national[78]. » John Bogle n'est pas fan de Larry Fink (et réciproquement). Il se fâchera également avec le directeur général de Vanguard, qu'il avait lui-même mis en place. La dispute était liée aux ETF et à la gestion passive : « Donner des ETF aux épargnants, c'est donner des allumettes à des pyromanes », prévenait-il. Mais ni Larry Fink ni les dirigeants de Vanguard n'ont voulu ni ne veulent l'entendre. Ils pensent à l'évidence que le vieux était « gâteux », et chuchotent en coulisses, avec un sourire en coin, que Burry a sans doute pris un acide de trop. Le blé rentre régulièrement avec des marges qui remplissent les coffres, les banques centrales sont là pour pallier en cas de manque. La machine ronronne. Pourquoi l'arrêter ?

Un de mes amis boursicoteurs pense que je suis complètement à côté de la plaque avec cette crainte de voir le marché se dérégler et le krach venir en raison d'un trop-plein d'ETF. Il m'envoie un message moqueur où il me conseille d'acheter d'urgence des ETF : « C'est le meilleur rapport qualité prix sur les marchés. C'est simple, efficace, et les gérants ne se prennent pas de marge de malade... »

Un autre m'explique à quel point c'est une hérésie de penser cela : « En mars dernier lorsque les marchés se sont effondrés, avec un ETF, tu te serais retrouvé devant ton écran avec une courbe qui s'effondre d'heure en heure, des pertes qui s'accumulent et un bouton VENDRE sur lequel il suffit d'appuyer pour que l'angoisse cesse. Le détenteur d'ETF vend. Mais avec des actions simples, il faut décrocher

78 — Dans une tribune du *Wall Street Journal* en novembre 2018.

son téléphone, parler ou écrire à quelqu'un ; on se demande ce que l'on va lui dire, les justifications qu'on va lui donner et on entre dans le processus de rationalisation. Aujourd'hui, le détenteur du fonds traditionnel aurait largement effacé ses pertes, tandis que celui de l'ETF les aurait accumulées. »

Je me creuse la tête depuis une semaine pour essayer de trancher. Comme je n'ai pas la mentalité d'un boursicoteur, le débat finit par me dépasser. Et me lasser. J'ai tendance, sur le seul cas des ETF, à entrevoir le danger. C'est la dose qui fait le poison (*bis repetita*, je sais). C'est un peu la thèse d'un chroniqueur du journal *L'Opinion* : il met en garde ses lecteurs acheteurs compulsifs d'ETF sur le fait qu'on y glisse de grosses « bouses » et qu'ils risquent de surpayer, sans explication, certaines actions noyées dans la masse. Et le chroniqueur de citer Hermès, valorisé à soixante fois sa valeur réelle, avant de mettre en cause le rôle des banques centrales dans le soutien à ces ETF : « Il est dommage que les banques centrales comme la Fed ou la banque du Japon aient décidé pour soutenir les marchés d'utiliser les ETF, et d'amplifier ainsi ce phénomène. Si un jour ces achats s'arrêtent, le retour de bâton pourra s'avérer dangereux pour les porteurs d'ETF[79]. »

Avec BlackRock leader mondial des ETF, le marché et les cotes des sociétés du CAC 40 comme du S&P 500 apparaissent clairement faussés. Ce que dit Michael Burry paraît plausible. Un jour, si on laisse faire Larry et les banques centrales, il n'y aura plus de cotation boursière liée à la

79 — *L'Opinion*, 4 septembre 2020, https//www.lopinion/edition/economie/etf-ont-gagne-attention-danger-tribune-denis-alexandre-222851

qualité des entreprises et à leur travail. Tout se réglera entre gérants et banquiers. Jusqu'à quand ? *That's the question.*

En l'état, les ETF roulent, et tout le monde ou presque semble s'en foutre. Le jour où le marché craquera, on félicitera Burry, qui aura avantageusement spéculé sur la chute des ETF.

24.

Au moment où j'écris ces lignes et je tente d'achever ce livre, avant qu'il ne m'achève, je découvre un article du *Financial Times* que j'avais archivé et qu'un journal suisse[80] ressort curieusement un mois plus tard. La journaliste[81] du *FT* a la bonne idée de s'intéresser aux ETF et d'amener le débat là où on ne l'attendait pas.

De l'intérêt d'observer les ETF pour prévenir des crises…

On entre un peu dans le dur ici. Ceux qui bâillent peuvent passer au chapitre suivant. En même temps, c'est plein de chants d'oiseaux. Vous en connaissez beaucoup des gratte-papiers du *FT* qui font dans la poésie ?

Sous le titre « Les ETF sont le canari de la mine de charbon obligataire », la journaliste explique que les ETF doivent être observés de très près car, tel le canari qui meurt en prévenant le mineur du coup de grisou, ils sont le signe

80 — *Le Temps*, 30 août 2020.

81 — Gillian Tett, *Financial Times*, 29 juillet 2020.

avant-coureur – et *in fine* morbide pour eux – du prochain krach. Le propos n'est pas si éloigné, même si l'angle et la cible sont différents, de celui de Michael Burry. Faut-il rappeler que ce n'était pas le chant du canari qui prévenait du coup de grisou, mais l'arrêt du chant dû aux gaz responsables de l'explosion ?

Le *Financial Times* revient sur le krach financier évité de justesse au moment de la crise du Covid en mars 2020, et essaie d'en mesurer la portée et les mécanismes internes de régulation. Si l'on en croit le journal adulé des financiers, les fonds de pension et grands gestionnaires de notre épargne ont beaucoup investi en ETF après la crise du Covid, qui a vu les économies des pays marcher au ralenti et se refermer sur les frontières nationales. Ces investissements boursiers ont généré d'intéressantes rentrées pour des gérants comme BlackRock, pourvoyeurs d'ETF, et rendu les gestionnaires d'actifs plus solides en investissements a priori stables. Mais cela les a aussi embarrassés, car les transactions usuelles ont nettement diminué. Les marchés ont manqué de liquidité. Il fallait pourtant les maintenir à flot. Les banques et institutions ont donc acheté et revendu actions et obligations d'une manière un peu forcée, artificielle.

Le *FT* relève ainsi que début mars 2020, le prix des ETF s'est « effondré de façon si dramatique que les fonds ont perdu leur lien avec les prix des obligations d'entreprises sous-jacentes. Certains se négocient avec une décote de 5 % » par rapport à leur valeur. Au moment de cette rupture, personne ne peut l'expliquer, tant la chute est soudaine et importante. Là arrive la révélation de l'article du *FT* : les fluctuations des prix des ETF ont précédé la chute des cours : « Cette volatilité ne s'est pas produite parce que les échanges se sont taris ; au contraire, les volumes de négociation quotidiens des ETF ont explosé, augmentant de 250 % par rapport à avant la crise, et les rachats des investisseurs ont été très modestes en mars par rapport aux autres classes d'actifs. Ainsi, il semble que les investisseurs ont réagi au gel du marché des obligations d'entreprise en utilisant les ETF pour couvrir les risques, effectuer des recherches sur les prix et supprimer les expositions qu'ils n'aimaient pas. Les ETF étaient donc une béquille pour les investisseurs... »

Le fait qu'il n'y ait pas eu de rachat est un mauvais signal. Les banques n'avaient personne à qui revendre les actions. C'est le fameux problème de liquidité qui aurait pu provoquer le krach, si la Fed n'avait pas compensé.

Les acteurs des marchés – traders, analystes, banquiers, boursicoteurs – prennent alors peur. Et se disent : « Merde, le Covid va tout faire sauter, il faut vite que je vende mes actions pour acheter un machin plus stable et diversifié, un indice, un ETF... » Et hop, c'est la ruée... Vous me suivez ?

Selon le *Financial Times*, si la Fed n'était pas intervenue fin mars dernier pour acheter en masse des obligations d'entreprises et des ETF, il aurait été possible que le marché s'effondre, entraînant la chute des Bourses, la faillite de banques, d'entreprises et d'institutions. Et l'article de conclure que, si les banques ont joué un rôle de premier plan dans la crise financière de 2008, les ETF « importent beaucoup plus maintenant, et pas seulement dans le monde des obligations d'entreprise ».

Comment interpréter cette attention portée aux ETF ? On se trouve bien, avec ce nouvel indice, face au maillon faible des marchés financiers. Celui qui cèdera le premier en cas de problème. L'image du canari qui meurt trouve ici tout son sens. En cas de nouveau coup de grisou sur les marchés, les possesseurs d'ETF seront à nouveau en première ligne. La Fed les a sauvés en mars, mais l'opération pourra-t-elle se répéter ou les ETF seront-ils les premiers sacrifiés ?

Les banques et les sociétés de capital-investissement comme BlackRock jouent sur du velours. Elles apportent les liquidités des ETF et font des profits quand tout va bien, mais elles ne prennent pas de risques puisqu'elles ne détiennent pas ces ETF elles-mêmes. Elles travaillent pour leurs clients. Privées ou centrales, les banques ont besoin des crises pour faire du volume et des commissions. Elles sont payées sur le volume. Un ETF n'a pas besoin de crise, il achète et vend en permanence pour équilibrer son panier de valeurs. Sa rémunération ne va pas augmenter avec la crise...

Ce que ne dit pas l'article du *FT*, mais qui rend la situation encore plus trouble, c'est que ces achats massifs d'obligations et d'ETF, et donc le sauvetage de l'économie américaine par la Fed, ont pu être opérés grâce à BlackRock, comme l'avait expliqué la presse à l'époque. « Quand la Fed fait appel à BlackRock pour ses rachats d'actifs », titrait par exemple *Les Échos* le 25 mars 2020[82] : « Lorsque les temps sont durs, les banques centrales se tournent vers BlackRock. La Réserve fédérale a annoncé mardi avoir fait appel à la société pour prendre en charge plusieurs de ses nouveaux programmes d'achats d'actifs. [...] Une nouvelle marque de l'influence du

82 — https://www.lesechos.fr/finance-marches/gestion-actifs/quand-la-fed-fait-appel-a-blackrock-pour-ses-rachats-dactifs-1188763

plus grand gérant au monde», écrit le journal, qui précise que BlackRock va notamment piloter «deux véhicules qui achèteront de la dette d'entreprise sur les marchés primaire et secondaire, chacun disposant de 10 milliards de dollars de capitaux apportés par la Fed. À l'image des achats d'actifs de la BCE, les obligations concernées devront être de bonne qualité, donc émises par des sociétés relativement solides d'un point de vue financier.»

Et là, un voyant très rouge s'allume et le conflit d'intérêts est patent, car «des sociétés solides émettant des obligations de bonne qualité», il n'y en a pas légion sur le marché. BlackRock est assurément en tête de gondole. La firme, missionnée par la Fed, va donc choisir d'acheter des produits, dans un marché où elle est elle-même leader.

Voyant venir les critiques, Larry s'est empressé de communiquer sur le fait que sa division Financial Markets Advisory, en charge de ces programmes, était «strictement séparée de ses autres activités... afin justement de prévenir tout conflit d'intérêts». Et Larry de préciser qu'il fait confiance à sa «plateforme Aladdin pour suivre ces portefeuilles». Genre: «C'est une IA, elle est autonome, elle choisira le meilleur dans le tas, si ça tombe sur nous, c'est qu'on est les meilleurs...»

Ben voyons.

Avec Larry, pas de souci. Personne, ni à la Fed, ni dans les banques, ni au *FT*, ni aux *Échos*, n'a trouvé à redire à cet argument. C'est passé comme une lettre à la poste.

C'est l'histoire d'un grand potager divisé en parcelles gérées par un ancien banquier. Chaque parcelle a un fermier à sa tête. L'un d'eux décide de gaver ses légumes et ses fruits d'OGM pour résister à la pluie, au froid, au chaud, aux insectes. Le potager vit de ses propres ventes sur les marchés environnants. Les oiseaux ne fréquentent jamais sa parcelle, mais lui s'en moque. Son rendement et sa croissance sont optimaux. Tout va bien jusqu'à une première invasion d'insectes. Seuls les légumes du paysan OGM résistent. Le banquier prend conseil auprès de lui et lui demande d'aider les autres fermiers en leur donnant un peu de produits dopants. Le gars s'exécute et ça marche. Avec l'argent récolté, il n'achète pas d'autres potagers mais vend à ses voisins des produits dopants. Arrivent le réchauffement climatique et la sécheresse. Ses légumes, qui ont tous la même saveur insipide, sont les seuls à pousser. Pourtant, tout le monde en veut. Les fermiers sont obligés de s'aligner, et les parcelles sont pleines de ces fruits et légumes gonflés aux OGM. Le banquier respire. Grâce au fermier OGM, son potager est sauvé.

On en est là, avec Larry et ses ETF gonflés aux hormones, et le patron de la Fed en banquier gérant un potager. C'est un peu une version soft de l'histoire que racontait le milliardaire Carl Icahn dans l'émission de télévision assurant que Larry, accompagné de la patronne de la Fed, allaient nous projeter au fond du ravin en conduisant de travers un bus sans frein.

Ma métaphore peut apparaître moins radicale que celle d'Icahn, mais j'aimerais la poursuivre. Certains clients des fermiers vont fatalement se rendre compte de la mauvaise qualité des légumes et de l'absence de saveur et de diversité dans leurs produits. Quelques paysans vont démarrer des cultures moins intensives mais plus adaptées à la situation.

Des microcultures qui peu à peu grignoteront et revigoreront le potager et le marché. Les oiseaux reviendront chanter dans ces parcelles. Malin, riche et informé comme il l'est, mais surtout inquiet de voir baisser ses ventes, Larry ira fatalement respirer leur air et baratiner ces nouveaux paysans, des billets plein les poches : « Alors, vos tomates, vous les vendez combien ? Et votre potager ? »

En finance comme en agriculture, la question est de savoir si tout peut s'acheter...

Larry pense que oui.

25.

BlackRock est un monstre protéiforme, traversé de mille courants, jetant ses tentacules sur toute la planète, se nourrissant du travail des hommes.

Son cerveau est une IA appelée Aladdin.

Son pilote, un vieux cow-boy. Ses dehors affables cachent l'angoisse de mal faire. La moindre erreur se paierait cash.

Le moteur et le carburant – le sang – de ce monstre, c'est notre argent.

Nous le prendre, l'investir, faire des marges, nous le rendre avec, si possible pour nous, une légère plus-value.

Pour vivre, BlackRock doit se développer et nous pomper encore et encore.

C'est sa raison d'être.

Le job de Larry est de nous le faire oublier.

Le premier capital de BlackRock est son image, sa réputation, son *corporate*.

Ce que j'ai en tête est encore confus. Je veux aborder la question des banques centrales. On ne comprendra rien à l'emprise de BlackRock si on n'intègre pas ce géant dans le système bancaire. Et ses dysfonctionnements.

Je sais, le sujet est rébarbatif, mais bon. Encore un effort. J'ai quelques cartouches à tirer...

Vu l'état des marchés financiers, les banques centrales sous perfusion, les finances des États exsangues, BlackRock veut faire investir l'argent de nos retraites d'Européens et de Français dans ses circuits au pire moment.

Si on compare l'évolution du CAC 40 à celle de la croissance française depuis 1988, on constate de manière infaillible qu'à long terme, le CAC est toujours au-dessus de la croissance française. Ce qui signifie que les entreprises captent plus de richesses qu'elles n'en créent pour le pays. Ces richesses, elles les prennent fatalement aux salariés et aux retraités.

Investir en Bourse en espérant des gains à long terme repose sur l'espoir que le capital continue à capter de plus en plus de richesses possibles sur les salaires et les retraites. Ce qui revient pour un salarié ou un retraité à scier la branche sur laquelle il est assis.

Logique, non ?

BlackRock et les banques poussent les gouvernements à promouvoir l'épargne en assurance vie et diriger une partie des cotisations retraite vers les marchés financiers.

Mais les marchés sont devenus très instables. Ils sont nos dinosaures. Le stade après le « trop gros pour tomber » est le « trop gros pour survivre ». Les marchés sont devenus énormes, vaporeux et lointains par rapport à l'économie réelle.

Aux États-Unis, les entreprises sont obligées de redistribuer souvent plus de 100 % de leurs bénéfices à leurs actionnaires. Ce qui empêche les investissements, l'innovation, la progression des salaires dont une économie saine a besoin. La France suit le même chemin. Les marchés détruisent l'économie en promettant toujours plus de croissance économique. La contradiction est devenue irréconciliable.

« Pour moi, c'est comme si BlackRock voulait vous mettre la main dans le pot de miel. Sauf que celui-ci est déjà vide et qu'une fois que nous l'y aurons mise, non seulement nous nous apercevrons de la supercherie mais qui, d'après vous, sera accusé de l'avoir vidé ? » interroge l'analyste Guy de la Fortelle.

Sur ses métiers d'origine, BlackRock a fait le plein. Sa position, souvent près de 40 % des volumes, approche celle d'un monopole. D'autant que son principal concurrent et son plus gros actionnaire, Vanguard, pèse également lourd.

La perspective, si Larry continue à développer sa branche investissement, est d'être confronté aux lois antitrust, très coercitives aux USA.

À cela s'ajoute un risque de concurrence accru, du fait du succès phénoménal de BlackRock. Et une concurrence qui devient éreintante, puisque BlackRock travaille avec des commissions comprises entre 0,1 et 1%. C'est le risque de tous les métiers de gros volumes, dont les procédures sont automatisées.

Larry devra faire évoluer son modèle s'il veut continuer à engranger des bénéfices. Il a commencé avec le pétrole mexicain et son alliance avec Carlos Slim autour de Pemex[83]. Larry investit dans le pétrole, les oléoducs, les raffineries.

Il investit aussi, en tout cas il l'annonce, dans l'énergie verte. On a entendu son intérêt grandissant pour les investissements labellisés « changement climatique ». Il s'agit de changer de terrain de jeu. En minimisant les risques. Toujours la même obsession.

Larry semble vouloir investir dans des concessions d'infrastructures lourdes, souveraines, impliquant des pays et des politiques : pétrole, gaz, énergie, constructions de barrages, d'autoroutes, de trains à grande vitesse, de centrales nucléaires, de zones portuaires, reconstruction d'un pays après un drame…

Vu sa taille, les investissements de BlackRock sont vite démesurés : rien en dessous d'un milliard, mais ça peut vite grimper à 10, 50, 100 milliards. Ce qui paraît logique quand on a 7 500 milliards en magasin.

Pour réaliser ces investissements, Larry doit réfléchir, consulter, arroser, peser et avoir une vision stratégique claire. Le droit à l'erreur n'est pas permis, sauf à entraîner des économies et des pays dans sa chute. Ce type de chantier dérape facilement s'il n'est pas maîtrisé. Souvenons-nous de la dégringolade des actions d'Eurotunnel. On part d'un devis à 5 milliards et on arrive très vite à 30. Et les EPR. Et les barrages en Amazonie…

83 — Créée en 1938, Pemex est la plus grosse entreprise du Mexique où on vient de découvrir sept nouveaux gisements. C'est une compagnie pétrolière semi-publique. Le Mexique est dans le top ten des réserves et des importations de pétrole. Il a un gros potentiel de développement.

Le droit à l'erreur n'est pas permis parce que si les investissements – à long terme – ne sont pas rentabilisés, les pertes deviennent stratosphériques.

Le fonds de commerce de BlackRock était jusqu'à présent d'assurer un rendement régulier à ses clients, qui viraient leurs retraites tous les mois. C'est un mécanisme horloger. Dans ce contexte, BlackRock peut perdre, mais pas trop et surtout pas longtemps.

Pour des investissements si lourds, il faut pouvoir encaisser d'importantes pertes sur des périodes longues, sans broncher. Quand, à un plus petit niveau, Vincent Bolloré investit dans la batterie électrique, il peut supporter quinze années de déficit avant de gagner de l'argent.

Des rumeurs dans la presse financière laissent entendre que BlackRock lâcherait des investissements dans l'armement ou le charbon (le pétrole pas encore) pour aller vers l'écologie et la lutte contre le réchauffement du climat. Mais si une guerre éclate avec l'Iran ? BlackRock perd sur les deux terrains : l'armement repart en flèche, et l'écologie plonge...

C'est dire l'importance de ces choix stratégiques. Souvent, dans des multinationales, les conseils d'administration pèsent et soupèsent. Chez BlackRock, SuperLarry est aux manettes. Il est à la fois Hulk et Magnéto. Des muscles et des gros bras qui défouraillent et un cerveau qui calcule en permanence. Tout passe par lui. Est-il compétent pour choisir un marché de taille XXL ? Pas sûr. On l'a vu perdre des sommes folles dans l'immobilier. Ce n'est pas du tout rassurant.

Les pertes pourraient, en cas de séisme géopolitique inopiné, être abyssales. Et balayer BlackRock qui a peu de fonds propres.

Larry Fink a construit BlackRock sur une mécanique qui laisse peu de place au doute et à la créativité. À cet égard, Aladdin n'a pas – contrairement à la communication du groupe – de qualités prospectives à long terme. Celles-ci n'ont en tout cas jamais été démontrées.

Larry et son département développement cherchent des espaces à occuper, des infrastructures à acheter dans des pays émergents ou post-émergents pas trop instables – le Mexique, l'Inde, le Pakistan, la Turquie...

Il n'a plus trop le choix. L'immobilisme le tuerait.

La France, depuis l'arrivée d'Emmanuel Macron au pouvoir, est une bonne piste. Pas seulement pour capter les retraites. Le Covid a mis en suspens des projets de privatisation comme ADP, mais d'autres sont à l'étude. On l'a vu avec la désastreuse privatisation des autoroutes : un pays libéral est capable de tout vendre pour faire rentrer des devises et nourrir ses golden-boys.

Une rumeur a circulé selon laquelle la France allait vendre plusieurs de ses barrages, soit environ 10 % environ de l'électricité du pays. Un rendement a priori sûr et tranquille, sauf que deux barrages sont en mauvais état. Il faudrait donc vendre un ensemble de barrages. Ce type de projet entre dans la perspective d'un gouvernement *d'enmarcheurs*. Une fuite élyséenne nous a fait savoir que cette question avait été abordée lors de conversations discrètes entre Larry, Jean-François Cirelli, son homme-lige en France, et l'entourage d'Emmanuel Macron.

Imaginons un problème grave dans ces barrages privatisés, une secousse sismique, un effondrement. Que fera BlackRock ? Et l'État ?

On est dans le cas de figure de Fukushima ou, plus près de nous, dans celui du pont effondré de Gênes.

Larry est aux aguets. Son carnet de chèques à portée de main. Il a déjà doublé ses investissements en France. Il est le plus gros actionnaire du CAC 40. Il est nerveux.

« *Hey*, Manu, tu me les vends combien tes foutus barrages ? »

26.

BlackRock est devenu, en dix ans d'expansion ultrarapide, le gestionnaire d'une part déterminante de l'épargne de la population des USA. La firme poussée et guidée par Larry, dopée par Aladdin et le commerce des ETF, s'attaque à la planète, à coups de voyages en jets, de sourires mécaniques, d'une communication ajustée, de promesses et de menaces à peine voilées contre ceux qui s'y opposeraient. BlackRock embauche localement des politiques ou de hauts fonctionnaires pour arriver à ses fins.

Il sait où est l'or qui garantit la création de monnaie. Et la France n'en manque pas. Nous sommes le quatrième réservoir de la planète, même si le niveau baisse.

Les banques centrales des pays et la BCE ont pour mission de créer et de réguler la monnaie. On dit « faire marcher la planche à billets ». Ou battre la monnaie, comme au Moyen Âge. Les nations se construisent sur leur monnaie.

Après-guerre, les banques centrales avaient un statut solide, régalien, important. Elles étaient les piliers des nations. Avant, c'était du béton armé. C'était l'État. C'était de Gaulle, Mitterrand ou Clemenceau. Aujourd'hui, c'est Macron, Hollande et Sarkozy. Un moment de relâchement. Nicolas Sarkozy a vendu 20 % de notre or en 2004. Mauvais choix. Mais bon, on a les élus qu'on mérite.

Donc, les banques centrales. Elles doivent rembourser les dettes des pays et s'occuper au mieux de l'épargne des populations. Aux États-Unis, Larry, du fait des liens devenus endémiques entre la Fed et BlackRock, a table ouverte au Trésor. Les exemples de passage du privé au public aux USA sont légion.

Le recrutement le plus marquant chez BlackRock est celui de l'ancien vice-président de la Fed, Stanley Fischer[84], en février 2019. Un an après avoir quitté son poste de numéro deux de la Réserve fédérale, le vieux banquier (75 ans), conservateur et réactionnaire, a rejoint BlackRock, pour devenir conseiller sénior de « l'Institut de recherche » de BlackRock. « *Son expérience et son expertise aideront nos investisseurs et nos clients à saisir l'impact des développements mondiaux sur leurs portefeuilles* », s'est félicité Larry au moment de sa nomination.

BlackRock et la Fed, c'est la bernique et son rocher.

« Ce n'est pas la première fois qu'un banquier central rejoint une institution financière privée », racontent *Les Échos*, citant le cas de Ben Bernanke qui, après avoir présidé la Fed, a été embauché par le géant Pimco (pour Pacific

84 — *Les Échos*, 14 février 2019.

Arthur LEVITT
DEPÔTS et CONSIGNATIONS
SOCIÉ GENE
AIG
DAVID M. RUBINSTEIN
BOSS CARLYLE
100 PLUS PUISSANTES FIRMES françaises
23% ETAT
22% ménages
BNP
PILKINGTON
LOVE
VANGUARD GROUP
MOOD
BARCLAYS
BASS
Cable & WIRELESS
ASTRA ZENEKA
CAPITAL WORLD INVESTORS
ASPEN FRANCE
ASPEN SOCIÉTÉ ANONYME
NSARKOZY
Elmer W. JOHNSON
CARLYLE
MELLON
DETRUIT
FRANK CARLUCCI (ex BOSS CIA)
DAIMLER
SIEMENS
BERTELSMAN
ALL IS CLEAN
BAYER
DEUTSCHE BANK
THYSSEN KRUPP
HATE
J P MORGAN CHASE
LUFTHANSA
E.O.N
HENKEL
BOSCH
S.A.P
VOLKSWAGEN
ROCK
MANGE
FIDELITY INTERNATIONALE
STANDARD & POORS FITCH MOODY'S
216 MULTINATIONALES
54%
TRILATERALE

Investment Management Company, le fonds obligataire propriété depuis 2000 de l'assureur allemand Allianz[85]).

En Europe, la tendance est la même. En 2015, l'année où Bernake est embauché, Pimco s'offre les services de l'ex-Premier ministre anglais Gordon Brown et de Jean-Claude Trichet, l'ancien gouverneur de la Banque de France et président de la BCE. Celui-là même qui a toujours été très cool dans l'ouverture des marchés européens aux fonds américains. N'oublions pas que Philipp Hildebrand, ex-patron de la Banque nationale suisse, viré en raison d'une affaire de délit d'initié, est vice-président de BlackRock, spécialement chargé du développement (j'ai failli écrire de l'invasion) de BlackRock en Europe. L'enjeu prioritaire pour BlackRock est d'atteindre l'épargne et les retraites des Européens, après avoir mis dans sa poche celles des travailleurs américains.

En dernière instance, en effet, c'est l'argent gagné par le travail des populations qui garantit la solidité de la monnaie d'un pays et la valeur de sa dette.

Jamais BlackRock n'ira en Afrique...

Du côté des banques centrales, la situation s'est aggravée avec la crise du Covid.

Les détenteurs du pouvoir financier restent les grandes banques américaines (n'oublions jamais que la Fed leur appartient). Elles tiennent le marché mondial du crédit, *via*

---

85 — *Le Canard enchaîné* (13 février 2019) a révélé qu'à l'instar de Nicolas Sarkozy chez Goldman Sachs, François – « Mon ennemi, c'est la finance » – Hollande avait lui aussi accepté, contre rémunération sonnante d'Allianz, de disserter à l'hôtel Meurice devant un parterre de gestionnaires de fonds.

le dollar. Les banques centrales ne sont plus maîtresses du jeu. Elles donnent le sentiment de courir après les évènements et de vivre à la solde de BlackRock et consorts. Si Ben Bernanke ou Alan Greenspan, à la Fed, voire Mario Draghi, quand il était à la tête de la BCE, pouvaient faire illusion et résister un peu, comment imaginer que Christine Lagarde, aujourd'hui à la tête de la BCE, ou Jerome Powell, l'avocat insipide nommé par Trump à la Fed, puissent s'opposer aux dictats des fonds américains et soient les véritables donneurs d'ordre ?

Au-delà de BlackRock, le devenir et les stratégies des banques centrales est un sujet d'inquiétude largement ignoré des médias.

Je sais, c'est compliqué. Je me cogne à ce mur et à ces questions depuis que j'ai commencé ce travail. Je me trompe peut-être, ou je vais passer pour un illuminé, mais depuis que je navigue dans ces eaux troubles de la finance, j'ai le sentiment que peu de gens prennent conscience de ce qui se trame. Pas un complot ni un krach. Juste une improbable dérive. Dont BlackRock est le dernier symbole catastrophique. Et Larry Fink la figure maléfique. Le Magnéto[86] des X-Men...

Prenons la France et l'Europe. L'euro est une monnaie commune, pas unique. Chaque pays est responsable de ses

---

86 — Magnéto est un des personnages les plus puissants des sagas Marvel. Son pouvoir de base est, comme son nom l'indique, de générer des champs magnétiques. Il parle couramment plusieurs langues humaines, se déplace en vaisseau spatial ultrarapide. C'est un maître en stratégie. Mais il est du côté du mal...

euros et de leurs échanges. Target[87] se charge de compenser. L'Allemagne a toujours un solde nettement positif ; l'Italie et l'Espagne sont à la traîne ; la France navigue à vue...

Pour financer ses politiques publiques ou la crise du Covid, un État emprunte essentiellement sous forme d'obligations. Les taux d'intérêt de ces emprunts dépendent de la note accordée par les agences de notation. Les banques centrales en zone euro sont intégrées à la BCE et peuvent faire appel, depuis 2012, au MES (Mécanisme européen de stabilité). La souveraineté monétaire, en raison des traités européens, a donc disparu. Aucun gouvernement ne peut agir comme il le souhaite, même avec le soutien massif de sa population : son économie se décide à Bruxelles et à Francfort.

Ce qu'on a vu se produire en 2008, et de manière encore plus flagrante en 2020, avec la crise du Covid, montre un changement historique des conditions de financement des États. Avant la crise bancaire de 2008, les marchés étaient ouverts et les banques centrales jouaient aux acteurs et modérateurs locaux. Cela voulait dire que si un acteur, même à l'échelle d'un pays, se trompait, il pouvait avoir la planète entière contre lui. C'est ce qui s'est passé en 1992 quand le milliardaire Georges Soros a spéculé contre la Banque d'Angleterre.

---

87 — *Trans-european Automated Real-time Gross settlement Express Transfer system* ou « système de transfert express automatisé transeuropéen à règlement brut en temps réel ». Fondé en 1999, avec la création de l'euro, il est aujourd'hui une plateforme commune et performante de compensation entre banques centrales.

Le système étant intégré à quasiment 100 %, tout est régulé par une poignée de banques centrales. Elles sont interconnectées et font, à peu près, ce qu'elles veulent. C'est une situation nouvelle dont peu de gens sont informés.

Aujourd'hui, la BCE, la Fed, la Banque de France, la Banque du Japon, la Banque d'Angleterre, la Banque nationale de Suisse et les autres banques nationales communiquent quotidiennement et règlent tout par-dessus les États, au sein de la BRI, la Banque des règlements internationaux[88]. Ses caractéristiques lui permettent de fonctionner comme un micro-État, une principauté échappant au régime légal habituel de toute institution financière nationale...

Tout le monde, à commencer par le petit peuple, est coincé dans et par ce système.

Et BlackRock dans ce malström ? Larry a des espions partout, qui conseillent les rachats de dettes ou de crédits et comptent les points[89]. La France est devenue un terrain de chasse privilégié. À ce jeu de coulisse, dont on est rarement informé, la Banque de France (sous l'égide de la BCE) ne joue pas collectif, mais spéculatif, comme l'explique l'économiste et fondateur d'Attac Dominique Plihon au site *Bastamag* : « L'enjeu, c'est de renationaliser la dette, comme au Japon, dont l'essentiel de la dette est détenu par ses ressortissants. À l'inverse, en France, notre dette est détenue

---

88 — La Banque des règlements internationaux a été créée en 1930 sous la forme d'une société anonyme dont les actionnaires sont les banques centrales. Elle a son siège à Bâle et se définit comme la banque des banques centrales.

89 — https://www.lesechos.fr/2014/08/la-bce-mandate-blackrock-pour-preparer-son-plan-dachats-dabs-308527

pour plus de la moitié par des investisseurs internationaux, tels que BlackRock, qui en font un objet de spéculation. Ce qui compte, c'est de réduire le pouvoir de la finance sur les États. C'est pour cela qu'on ne veut pas émettre des titres qui, demain, donneraient des armes aux financiers pour imposer des politiques d'austérité, en Europe notamment[90]. »

En principe, un traité en Europe interdit aux États un déficit de plus de 3 % : c'est la loi fondamentale de l'UE. En pratique, tout le monde fait comme il l'entend. Tout se négocie, mais entre soi, entre gens bien. Que peut vouloir dire un système économique dont la loi fondamentale, applicable à tous, est en réalité renégociée en permanence par quelques-uns, dans les arrière-boutiques de l'UE ? S'il n'y a plus de règles tout en haut du système, pourquoi celles-ci devraient-elles être impératives tout en bas ?

Les banques centrales ont interdiction, BCE comprise, d'acheter de la dette d'État, que seuls des marchés doivent acheter. Cette règle permet d'étaler les risques attachés à ces dettes sur une surface très large, d'un bout à l'autre de la planète. En pratique, par le truchement de banques privées sélectionnées – ce qu'on appelle des SVT, des Spécialistes des valeurs du trésor – la BCE rachète toutes les dettes d'État. Ce qui est interdit. Mais la BCE se défausse en expliquant qu'elle rachète ces dettes aux banques sélectionnées qui, au passage, se gavent.

Se gavaient.

Se sont trop gavées.

---

90 — *Bastamag*, 1er mai 2020, https://www.bastamag.net/Dette-publique-annulation-BCE-Lagarde-Europe-solidaire-coronabonds-ISF-CSG-TVA

Je vous avais prévenus. Je suis dans le dur.

Je suis même obligé de me relire pour comprendre ce que j'écris...

La BCE ne dit jamais que ces rachats aux banques s'opèrent à peine trente secondes après que ces dernières ont acheté les dettes aux États, et refourgué le tout en prenant leurs marges sur des volumes de dette gigantesques. Ni que BlackRock, qui n'est pas une banque, en bénéficie... Résultat des opérations : on se permet n'importe quoi, n'importe comment, il faut juste être d'accord entre nous. Et les dettes publiques explosent. Mais qu'est-ce que la dette publique ? Finalement, de l'impôt différé, que les contribuables devront simplement payer plus tard.

Ou pas.

27.

Entre Paris, Berlin, Madrid, Rome et Francfort, quelques centaines de personnes jouent notre avenir sans nous le dire ni nous avertir de ce qu'elles sont et font.

Souriez… à l'heure de l'addition, les mêmes viendront expliquer que c'est à nous de régler les factures.

Dix-huit banques ont été accréditées ou « cooptées » par la Fed, la BCE et les banques centrales, pour acheter nos dettes publiques. Autant dire qu'elles s'étaient auto-sélectionnées. Cinq banques américaines (Citigroup, Bank of America, Merrill Lynch, Morgan Stanley, JPMorgan Chase, Goldman Sachs), quatre françaises (BNP Paribas, Société générale, Natixis, Crédit Agricole), trois anglaises (Barclays, HSBC, Royal Bank of Scotland), deux allemandes (Commerzbank et Deutsche Bank), une suisse (UBS), une canadienne (Scotiabank), une japonaise (Nomura), une espagnole (Santander) se partageaient le gâteau.

Le gratin.

J'utilise l'imparfait car, alors que c'était sélect et rentable de faire partie de ce club, 2020 est une *annus horribilis* pour le secteur. Un moment de bascule, où plusieurs banques décident de quitter le club. Le Crédit Agricole et Santander abandonnent le navire. D'autres pourraient suivre. Manque de rentabilité invoquée…

Les banques centrales ont interdiction, BCE comprise, d'intervenir sur les marchés directement. En pratique, depuis la crise de 2008, elles font et tiennent les cours. Sans elles, les marchés s'écrouleraient. Du coup, on comprend que des taux d'intérêt à zéro deviennent la norme.

Je sens que je suis en train de plomber mon histoire qui démarrait bien, mais je sais à peu près où je veux aller… En Chine et en Russie…

Tout apparaît ainsi verrouillé sur la planète financière, mais du côté obscur des choses.

Loin du monde réel. Jamais à la lumière de l'économie.

Les États disposent maintenant de l'argent gratuitement. Par exemple, l'Italie et l'Espagne vont recevoir, en raison de la crise générée par la pandémie de Covid, 108 milliards pour le premier et 97 pour le second. Chacun pourra (entre autres) rembourser la corruption endémique de son économie. Payer les factures de Cosa Nostra et les bêtises de Juan Carlos… Je sais, je suis mesquin et injuste. Et la France ? Avec ses 40 milliards, elle paiera (en partie) les tombereaux d'argent public dépensé chez Areva pour (entre autres) Uramin…

Tout cela peut avoir lieu parce que le système est verrouillé et dopé par les banques centrales, et par les marchés toujours enclins à faire de l'argent sans trop de risques ou d'efforts. Si le système financier n'était pas si verrouillé et ne fonctionnait pas en circuit clos, cet argent gratuit, la monnaie, les bilans des banques centrales, tous les marchés tomberaient en ruine.

Comme dans *Star Wars* quand Dark Vador joue du sabre laser.

Le verrouillage, c'est la condition *sine qua non* des marchés financiers actuels.

Autrefois, c'était plus ouvert, concurrentiel, donc relativement régulé par le réel. Là, non.

Le garant de ce verrouillage reste pourtant l'épargne des populations, c'est-à-dire le travail dont elle est le fruit. C'est la réassurance ultime du système. C'est ce qu'aimerait capter BlackRock.

Et qu'il faut à tout prix empêcher.

Un mouvement pernicieux s'est mis en place. Quand la mécanique d'arbitrage et de renflouement des États commence à fonctionner, le pays se sent mieux. C'est exactement comme un shoot d'héroïne. Compliqué d'arrêter cet afflux d'argent... Sauf à décréter de manière autoritaire ce qui doit être financé : Renault, Air France ou des start-up par exemple. Et ce qui ne doit pas l'être : le chômage des intermittents, les salons de coiffure, les artisans menuisiers... Là, on voit que les choix deviennent politiques... et que le *storytelling* a toute sa place... Nous endormir, nous faire accepter des décisions qui n'ont pas de fondement réel, qui mène à des catastrophes sociales et climatiques...

Et à la fin quoi ? Et si on suit cette logique financière jusqu'au bout, ça mène où ? Plus personne, à la base, ne travaille ni ne se paie. C'est l'issue finale. Le système devient de plus en plus oligarchique. C'est une réalité des plus objective.

Et pour le peuple ? Faisons court et lapidaire : l'État décrète « De la paix, des jeux et taisez-vous ! » Ou une variante : « De la police, du foot et BFM ». Bon, un virus s'est greffé dans l'histoire qui complique l'équation. On peut ajouter facilement un masque et une pandémie à l'énumération.

Une fraction importante des personnes aux manettes de ce système à la dérive est persuadée d'être démocrate, d'agir pour le bien commun, ou de faire au mieux, compte tenu de la situation. C'est le discours ambiant. Mais c'est sans voir qu'elles agissent dans le cadre d'un système de plus en plus totalitaire. Ce que disent ou pensent les commissaires européens, les ministres et sous-ministres de l'Économie ou du Budget, ou le président de la BCE, a finalement peu importance. Le système a pris le contrôle et eux sont devenus des spectateurs sans grande marge de manœuvre, des marionnettes d'une pièce qui se joue ailleurs.

N'étant pas adepte du complot, je suis incapable de dire où et qui tire ces ficelles. Je sais juste qu'il faut des dominants, des dominés et des corps intermédiaires complices des dominants pour que le show puisse continuer.

Il n'y a pas de lieux déterminés ni d'assemblées où se prennent à un instant T des décisions. La pièce se joue lentement, sur de nombreux théâtres. Quelques contre-pouvoirs existent.

Mais revenons à cet argent gratuit déversé par les banques centrales. On doit réfléchir à sa destination. En toute logique, il se retrouvera investi dans des actifs contrôlés et contrôlables, des marchés où le trading haute fréquence permet de contrôler à peu près les pertes et els évasions (BlackRock, Vanguard...). Ou dans l'immobilier, où les prix sont stables, voire orientés à la hausse.

Il se produit et il se produira, au fil du temps, d'énormes bulles financières. Avec pour conséquences : toujours plus de pression sur les entreprises par les marchés (il faut délivrer du rendement à l'actionnaire), de l'immobilier hors de prix. Et des salariés pressurisés. Des plans de licenciement. Du boulot pour les DRH et les marchands de sommeil.

Le bilan est facile à imaginer : la paupérisation discrète, exponentielle et massive de tout un pays. Qui gagne ? Les intermédiaires bancaires et ceux qui ont des capitaux. Ils vont bénéficier en premier de crédits : « On ne prête qu'aux riches », la musique est connue.

Qui perd ? Tous les autres. La population entière d'un pays.

Disons 90 % contre 10 % en France.

Et encore, je suis généreux avec cette statistique.

Je m'éloigne un peu, mais c'est pour mieux revenir...

La Chine et la Russie sont dans d'autres perspectives : leurs monnaies sont de plus en plus fortes, ils stockent de l'or, nous rattrapent de ce côté. Ils ont peu de dettes, comparés à nous. Ils semblent penser et font savoir que le jeu va arriver à son terme, que la clé du déverrouillement du système pourrait être la chute du dollar. Elle emporterait dans son sillage les monnaies fragiles, soutenues par leurs banques centrales percluses de dettes et d'actifs rachetés sur les marchés à n'importe quel prix. Pas sûr que l'euro résiste.

BlackRock a étudié ce scénario et investit massivement en Asie.

La firme vient de créer une *joint-venture* avec un fonds chinois[91] – c'est une première – qui lui ouvre des perspectives importantes et lui permet d'échapper à la gangue de l'administration Trump. Pour les Chinois, c'est un joli pied de nez que l'actuel locataire de la Maison-Blanche doit modérément apprécier.

Les États-Unis sont gérés comme un fonds spéculatif. La dette globale a largement surpassé PIB, ratio de 1 à 3 dépassé depuis le Covid. Soixante à cent millions de personnes sont au chômage ou dépendantes des bons alimentaires. L'espérance de vie régresse, près de 1% de la population américaine est en prison. En face, environ 15% de la population vit bien. Dans un pays comme les USA, la dette privée est essentielle. 50% des Américains ont 1000 dollars sur leurs comptes et aucune épargne. Sans crédit revolving, le pays ne peut pas fonctionner et les Américains ne peuvent ni vivre, ni consommer. Rien que pour les crédits étudiants, près de 50 millions d'Américains sont encore englués dans ce système. Et on parle de 150 millions de personnes endettées. Le chiffre ne fait qu'augmenter[92].

C'est du délire. Les USA ressemblent de plus en plus au cuirassé *Potemkine*. L'équilibre est devenu très instable.

L'Europe est perdue, se cherche et se clive. La Chine, la Russie et l'Inde poussent.

Les affrontements que mènent les États-Unis contre la Chine et ses technologies ont des allures de guérillas

---

91 — https://www.finews.asia/finance/32609-china-regulators-blackrock-mutual-fund-unit

92 — https://www.lesechos.fr/monde/etats-unis/la-dette-des-menages-americains-atteint-de-nouveaux-records-1171194)

désespérées. Les menaces de Donald Trump contre le géant des télécoms chinois, Huawei[93] sont à cet égard pathétiques.

Cette inféodation des banques centrales aux marchés financiers, aux banques systémiques et aux gestionnaires d'actifs pèse sur notre présent, mais obscurcit surtout l'avenir. Les évolutions sont trop lentes et se mesurent en générations. Le risque de nous retrouver coincés devient envisageable. Nous pouvons, si on laisse faire, finir avec cette génération (la mienne, disons celle des *baby-boomers*) sans un rond et anéantis. Plusieurs générations devront vivre dans ce marasme. Avec des dégâts sociaux exceptionnels qui pointent déjà en cette rentrée 2020.

La Banque de France joue avec notre avenir. Nous sommes piégés. En 1940, elle protégeait avec dix ans d'avance l'or et le pays. Ce n'est plus le cas.

Au-delà des affaires de corruption, malgré les crédits accordés aux entreprises et les aides de Pôle emploi, l'État apparaît atone. Il devient à la fois titanesque et impuissant, dans un déclin maintenant visible. Les visites des BlackRockers ou autres fonds de pension américains qui défilent à l'Élysée lors de rencontres plus ou moins officielles – surtout la première où on a vu Larry passer avant les banquiers et entrepreneurs français, juste après l'élection d'Emmanuel Macron —doivent nous inquiéter. L'État macronien cherche des béquilles sur les marchés financiers.

Choose France…, bégaie le *storytelling* des *enmarcheurs*.

Tu parles…

---

93 — https://www.la-croix.com/Economie/Huawei-geant-telecoms-coeur-guerre-commerciale-Chine-USA-2020-01-17-1301072351

28

La vraie banque centrale devrait être le peuple. C'est lui qui bosse, produit de la valeur, des marges, et donc de l'argent à stocker, à dépenser ou à investir, afin qu'on reformule nos échanges et notre État profond en monnaie et en dettes.

Une banque centrale devrait être un service pour son pays et ses citoyens. Pas une hydre hors de contrôle qui s'appuie sur BlackRock pour prétendument sauver l'économie d'une nation, alors que ces fonds tout-puissants ne font que l'essorer.

Les banques centrales ne peuvent pas s'effondrer, surtout aujourd'hui alors qu'elles sont fortement intriquées.

Elles font l'argent. Elles peuvent en faire tant qu'elles veulent.

Cette inflation monétaire n'a de sens que si l'économie fonctionne et produit de la valeur, de la croissance, de l'emploi.

Sinon, pourquoi travailler ? L'argent est gratuit...

L'argent gratuit tue l'économie et produit d'énormes bulles d'immobilier et de marchés financiers.

Je suis lancé. Je continue.

La qualité d'une monnaie réside dans la force et l'harmonie de son économie. Et en ce moment, on est dans le rouge vif. C'est juste avant le gris puis le noir profond. Le chômage grimpe et atteint presque partout les 20 % de la population active, si on enlève les formations, stages bidon et statistiques erronées...

Avant la crise Covid, on avait 75 000 milliards de PIB mondial (le cash net disponible pour tout payer, investir, stocker) pour 225 000 milliards de dettes planétaires. Ratio de 3 pour cette dette globale. Cela signifie trois fois plus de dettes que d'argent qui rentre sur le compte. (On comptabilise ici les dettes des particuliers et des entreprises en plus des dettes publiques.) On retrouve ce ratio dans de nombreux pays. Depuis le Covid, le fossé s'est encore creusé. En France, notre dette globale est environ 2,5 fois supérieure à notre PIB. Si on ne prend que les dettes publiques, le ratio est d'environ 1,2 (les dettes publiques représentent 120 % du PIB). Ces données sont une estimation, elles décrivent une tendance et un monde qui explorent des territoires inconnus et des zones d'endettement jamais vues. Nous vivons clairement au-dessus de nos moyens. Ce qui ne serait pas grave si la roue pouvait tourner éternellement.

Vous êtes toujours là ?

En 1996, il m'est arrivé de croiser dans des débats ou sur des plateaux télé Viviane Forrester. Elle venait d'écrire *L'Horreur économique* (Fayard), je sortais mon premier essai[94]. Mon livre expliquait ma rupture avec le journalisme à *Libération* et ma vision d'une France corrompue, sous l'influence des multinationales. Le sien était un cri, au départ le cri d'une mère qui avait vu se suicider son fils et voulait prévenir le monde de se garder de l'horreur libérale qui arrivait. On formait un bon duo. C'était une bourgeoise, une littéraire. J'étais un jeune journaliste démissionnaire. Elle a quitté ce monde en 2013. J'y suis toujours. Elle avait trouvé les mots justes, et son livre aura du succès dans une vingtaine de pays. L'horreur économique était partout, en Occident, en Allemagne, aux USA, au Japon, en Italie, en Espagne. Je suis retombé sur le livre de Viviane dans ma bibliothèque.

Voici ce que dit sa quatrième de couverture: «Nous vivons au sein d'un leurre magistral, d'un monde disparu que des politiques artificielles prétendent perpétuer. Nos concepts du travail et par là du chômage, autour desquels la politique se joue (ou prétend se jouer) n'ont plus de substance: des millions de vies sont ravagées, des destins sont anéantis par cet anachronisme. L'imposture générale continue d'imposer les systèmes d'une société périmée afin que passe inaperçue une nouvelle forme de civilisation qui déjà pointe, où seul un très faible pourcentage de la population terrestre trouvera des fonctions. L'extinction du travail passe pour une simple éclipse alors que, pour la première fois dans l'Histoire, l'ensemble des êtres humains est de moins en moins nécessaire au petit nombre qui façonne l'économie et détient le pouvoir. Nous découvrons

94 — *Pendant les affaires, les affaires continuent*, Stock.

qu'au-delà de l'exploitation des hommes, il y avait pire, et que, devant le fait de n'être plus même exploitable, la foule des hommes tenus pour superflus peut trembler, et chaque homme dans cette foule. De l'exploitation à l'exclusion, de l'exclusion à l'élimination... ? »

Vingt-quatre années se sont écoulées. Et la réponse à l'angoissante question posée par Vivianne Forrester est oui. Nous sommes passés à l'élimination. La mise à mort sociale et physique. L'ensemble des êtres humains est, à l'évidence, de moins en moins nécessaire au petit nombre d'êtres humains qui façonnent l'économie et détiennent le pouvoir, les armées, la police, le système bancaire, les frontières, les médias.

En y réfléchissant, le monde fonctionne comme un gros LBO[95]. Des crédits de malade. Les plus fortunés gagneront toujours et l'écart va, se creusant, se creusant, sans que nous puissions vraiment réagir, stopper l'emballement.

À la prochaine crise financière, il est probable que le système craque, que les marchés boursiers dévissent. À Davos, cette année, les magnats qui nous gouvernent ont prévu une parade si le scénario catastrophe se réalise. Ils l'ont nommé le « grand *reset* ». Au début, je pensais à une blague, mais non. Renseignez-vous. C'est une remise des compteurs (bancaires) à zéro, imaginée par les penseurs de Davos...

---

95 — *Leveraged buy-out* ou « achat à effet de levier », une acquisition par emprunt, un rachat d'entreprise par endettement.

À zéro pour nous. Pas vraiment pour eux[96].

On voit bien, à lire ces articles, y compris dans la presse financière, que la résistance du système à une crise de forte ampleur serait quasi nulle. Tout peut s'effondrer rapidement. La crise des *subprimes* a permis de mesurer la fragilité du système. Ce qui s'est passé en 2008 peut se reproduire, puissance dix.

En 2008, les États ont prêté de l'argent aux banques, mais n'ont pas été servis en retour. Aucune banque n'a été nationalisée en France par exemple, où Nicolas Sarkozy a quand même lâché 360 milliards d'euros[97] pour sauver le système bancaire.

Aujourd'hui, les dettes se sont creusées dans chacun des pays[98]. Y compris l'Allemagne.

Dans ce contexte, BlackRock a continué à capter de l'épargne massivement. Les BlackRockers sont *de facto*, par cette masse, dans le sillage des banques centrales et des pouvoirs clés.

---

96 — « Pour sa première édition post-pandémie prévue en janvier prochain, le Forum de Davos, rendez-vous annuel de l'élite politique et économique mondiale, ne pouvait rester dans "le monde d'avant". Avec l'art de la formule qui le caractérise, son fondateur et toujours président, l'économiste allemand Klaus Schwab propose une "grande réinitialisation", en anglais, *The Great Reset* », prévenait en une un article du *Figaro* (3 juin 2020).

97 — Nicolas Sarkozy, alors président de la République, a injecté 40 milliards d'argent public pour aider les banques françaises en difficulté et a cautionné le prêt de 320 milliards à ces mêmes banques. Sans contreparties. https://www.liberation.fr/futurs/2008/10/13/l-etat-met-360-milliards-sur-la-table-pour-sauver-les-banques_114848

98 — https://fr.businessam.be/voici-les-17-pays-les-plus-endettes-du-monde/ Le pays le plus endetté est le Japon avec 236 % de dette, suivi par la Grère (181 %) et le Liban (153 %)

On peut difficilement prédire l'avenir. Juste objecter que la direction est mauvaise, le système faisandé, avec des facteurs de fragilité énormes.

BlackRock en est un.

Aujourd'hui, peu de gens – y compris au sommet de l'État – ont conscience des fragilités du système.

Il faudrait des réformes politiques systémiques pour en sortir.

On voit bien ici que trois mondes s'affrontent. Celui des nationalistes qui veulent un repli sur les pays en cadenassant les frontières et en balançant les émigrés à la mer ou dans des camps. Celui des libéraux qui ne jurent que par la croissance et le marché. Et celui des écolos et des décroissants. Je ne parle ni de gauche radicale ou molle, ni de droite, ni de capitalisme ou d'anticapitalisme. Ces débats-là m'emmerdent et sont devenus stériles.

Pendant le confinement, je me souviens des déclarations du ministre de l'économie Bruno Le Maire, qui assurait que les entreprises en lien avec les paradis fiscaux ne seraient plus aidées par l'État et qu'il allait surveiller et réguler (voire interdire) les versements de dividendes en période de crise et de disette. Rien n'a été entrepris ni réalisé. Ces promesses ne valaient pas un fifrelin. AXA a versé 3,6 milliards à ses actionnaires. BNP, 3,9 et Total, 1,8. Pendant le confinement, le peuple souffrait, mais les affaires continuaient et les sociétés d'assurances, les banques et les groupes pétroliers distribuaient à leurs actionnaires des dividendes royaux, comme si le Covid était une blague. Et nous, des problèmes collatéraux.

Ces boîtes-là, ces multinationales, leurs actionnaires, les fonds de pension, les banques d'affaires, BlackRock, ne lâcheront jamais leur pactole. Ils sont nos adversaires, nos ennemis. Ce sera eux et leurs affidés contre nous.

Une tribune publiée fin avril 2020, passée relativement inaperçue, posait bien la question de ces fractures[99] : « Libérons la société pour sortir de la crise », titrait le journal de droite libérale, propriété d'Arnaud Lagardère et maintenant de Bernard Arnault. Elle était signée par une soixantaine d'universitaires, d'économistes, de lobbyistes et de seconds couteaux comme Gérard Longuet, Dominique Reynié, Virginie Calmels. Tous notaient que l'État avait failli dans la gestion de l'épidémie et réclamaient moins de taxes, moins de fiscalité, un retour de la croissance et à la liberté du marché. « Il n'est pas de démocratie saine sans marché libre… », ânonnaient-ils. Elle m'a intéressé, cette tribune, car elle contenait tous les poncifs entendus régulièrement sur les plateaux de télévision. Son objet n'était pas d'être lue par un grand nombre de personnes, mais de poser des jalons pour plus tard. Elle était labellisée par la République en Marche et la droite libérale.

Elle nous expliquait que ce serait eux, les globalisateurs, les partisans d'un libéralisme encore plus échevelé, les fabricants d'un monde d'après, pire que celui d'avant. À l'opposé de nous qui voulons ralentir, repenser la croissance et le rapport de force politique.

---

99 — *JDD*, 29 avril 2020, https://www.lejdd.fr/Politique/tribune-liberons-la-societe-pour-sortir-de-la-crise-3964364

Quelques semaines avant, le philosophe et sociologue Bruno Latour, sur le site *AOC*, avait prévu cet affrontement et lui aussi posé des jalons[100] : « Malheureusement, cette pause soudaine dans le système de production globalisée, il n'y a pas que les écologistes pour y voir une occasion formidable d'avancer leur programme d'atterrissage. Les globalisateurs, ceux qui depuis le mitan du XXe siècle ont inventé l'idée de s'échapper des contraintes planétaires, eux aussi y voient une chance formidable de rompre encore plus radicalement avec ce qui reste d'obstacles à leur fuite hors du monde. L'occasion est trop belle, pour eux, de se défaire du reste de l'État-providence, du filet de sécurité des plus pauvres, de ce qui demeure encore des réglementations contre la pollution et, plus cyniquement, de se débarrasser de tous ces gens surnuméraires qui encombrent la planète. »

Partout, cette question et cet affrontement se posent. La pandémie nous a montré que tout pouvait être arrêté et repensé. Même si depuis le déconfinement, l'appareil surpuissant de propagande s'est remis en marche. La situation se tend. Si en France, Emmanuel Macron se pose en rassembleur de cette droite *in fine* violente et libérale, ailleurs, on nous montre que c'est souvent pire. Bolsonaro enfonce le Brésil dans une folie destructrice et meurtrière. Trump est prêt à une guerre civile. Sa caste et lui ont réfléchi au jour d'après. Quartiers surveillés avec milice. Îles privées. Restaurants, hôtels et casinos pour *upper class*. L'armée contre les pauvres et les *Blacks* trop revendicatifs. Le

100 — 30 mars 2020, *AOC*, « Imaginons les gestes barrières contre le retour à la production d'avant-crise ».

business passe avant tout, et on vous emmerde. Wall Street le soutient encore, même si Joe Biden permettra toujours à ces banquiers de sauver leur peau. Biden devient l'option B plausible, car, comme Hillary Clinton avant lui, il est de la caste des puissants. Larry compte les points et on parle de lui comme d'un futur secrétaire au Trésor si Biden l'emporte.

Voilà. On attend. On observe. Pour l'instant, on porte des masques dans les trains et dans les grandes villes. On continue de bouffer chez McDo, à mater du foot à huis clos, à parier sport. On se plaint de ne pas pouvoir aller en vacances à Bali ou en Thaïlande. On fatigue à revoir des séries sur Netflix.

Ça va...

Au fond, soyons francs. On se dit que la grosse cata et le grand *reset*, ce sera pour les autres. Nos enfants, nos petits-enfants, nos arrière-petits-enfants dont (soyons francs) on n'a pas grand-chose à foutre.

Rien à foutre de rien...

Je me relis. J'aimerais penser plus légèrement.

J'hésite. Je ne change rien.

Larry Fink a intérêt à conserver les économies de ses épargnants et de ses retraités.

Ne pas jouer avec le feu, Larry...

Le problème est éternel : quand trop de pouvoir et de puissance sont concentrés quelque part, ça peut finir en cataclysme.

BlackRock, c'est trop de puissance. Et Larry, trop de pouvoir.

Gardons toujours à l'esprit que la firme sert d'abord les intérêts de ses actionnaires, intérêts qui ne sont ni ceux des États ni ceux de leurs clients. La firme peut communiquer et dire ce qu'elle veut, le jour où arrive une crise majeure, BlackRock – qui n'a pas encore l'arme nucléaire – fera ce qu'on lui dira de faire.

Allô, Larry ? Ta plateforme, Aladdin, le blé qui tombe et que tu conserves dans tes comptes, tu en fais quoi en cas de galère ?

La question, pour nous, reste de savoir si nous avons raison de confier notre épargne, une ressource aussi stratégique, à ces multinationales de la finance. Ce pactole qui a demandé tant d'efforts et de travail à des millions de gens pour être constitué…

Allô, Larry ? Pourquoi tu la joues profil bas avec tes ETF et tous tes produits financiers sur mesure que tu nous a vendus ? Tu as quand même les deux bras dans le pognon man…

Je vais te livrer mon inquiétude. En cas de gros soucis, avec l'extraterritorialité du droit américain, ma confiance en tes promesses et en celles de ton gouvernement est limitée. En gros, les lois votées sur le sol américain s'appliquent aussi, et dans des cas de plus en plus nombreux, à l'étranger. Terrorisme, fiscalité, corruption, suspicion de comptabilité trouble, pays jugé non démocratique (selon les critères américains), embargo… Parfois, il suffit que la transaction se soit faite en dollar US pour que la procédure soit validée.

La liste des domaines où les États-Unis fixent les règles et le montant des saisies et amendes est de plus en plus longue. Le passif est déjà lourd. Alstom, pour une affaire de corruption en Indonésie, a payé 800 millions de dollars ; BNP en a lâché dix fois plus pour n'avoir pas respecté des embargos décidés par les États-Unis. La Société générale, Total, le Crédit Agricole ont également dû payer des amendes de plusieurs milliards ces dernières années. « Les États-Unis se servent de l'extraterritorialité de leur droit pour mener une guerre économique face à laquelle ses adversaires, Union européenne en tête, restent impuissants », résumait un article du *Figaro* paru au moment de la sortie d'un ouvrage éclairant à ce propos[101].

En cas de galère, et quand je vois l'état financier de ton pays, cher Larry, je me dis que les gros soucis ne sont pas qu'une vue de l'esprit, car si la Fed, la SEC ou la Maison-Blanche te glissent « Vous bloquez les fonds des *frenchies* », il se passe quoi ?

Tu veux mon avis ? Tu les bloqueras.

Et si tu es secrétaire d'État au Trésor de Joe Biden, tu les bloqueras encore plus volontiers. Ensuite, tu négocieras...

On est dans ce registre d'enjeux. Le cas du Venezuela[102] et de ses trente et une tonnes d'or en dépôt à Londres, réclamées en vain depuis un an, le montre. Les gentilles démocraties perdent leur flegme en cas de crise financière. Et qu'on ne me dise pas que j'exagère, que c'est improbable. Le Covid était improbable. L'effondrement de l'URSS aussi. L'histoire n'est faite que d'improbables.

---

101 — Ali Laïdi, *Le Droit, nouvelle arme de guerre économique, comment les États-Unis déstabilisent les entreprises européennes* (Actes Sud, 2019) Lire ici son interview dans *Le Figaro* du 3 mai 2019 https://www.lefigaro.fr/vox/economie/comment-le-droit-est-devenu-l-arme-favorite-des-etats-unis-pour-s-accaparer-nos-entreprises-20190503)

102 — https://www.la-croix.com/Monde/Ameriques/justice-britannique-bloque-lor-banque-centrale-Venezuela-2020-07-03-1201103305)

29.

Je ne suis pas un journaliste financier. J'essaie de sentir les volontés cachées derrière les mécaniques et les enchaînements qu'on nous propose. Je fouille les arcanes. Le *storytelling* qui veut que les USA soient notre indéfectible allié ou que la Bourse fasse marcher l'économie ne me convient pas. Ni celui qui fait de Larry un sage, un type généreux ou un bénédictin. Et de Burry ou de Bogle un jeune ou un vieux fou. Je n'ai pas un regard idéologique ni catastrophiste sur les hommes ou les évènements. Mais je sais que Larry est un putain de requin.

Son moteur, c'est sa rapacité.

J'ai longtemps eu comme titre pour ce projet « Larry l'Embrouille ». Ça collait au personnage. Ça avait un côté Audiard que j'aimais bien. Un copain m'avait dit : « Tu sais que le gars, avant de passer pour un génie de Wall Street et de sauver les banques après la crise des *subprimes*, a quand même acheté, trois mois avant sa chute, des dizaines de milliers d'actions de Lehman Brothers. Tout le monde l'a oublié. Comme pif, on fait mieux. Ce gars-là a l'art de nous embrouiller. C'est un vrai génie de l'entourloupe... »

Embrouille : nom féminin. Désordre visant à embrouiller, tromper. Abus d'éléments de confusion. Un sac d'embrouilles (sac de nœuds). Mettre les choses dans une confusion telle qu'on ne peut les démêler. Emberlificoter, empapaouter, enfumer.

Larry est dans le monde entier le patron, le penseur et l'homme totem de BlackRock. Et partout où la multinationale passe, BlackRock n'est qu'un nid à embrouilles. *Où BlackRock passe, la lumière trépasse.* Ce serait mon slogan si je devais lancer une campagne.

J'aurais mille exemples. Mais je ne veux pas encombrer vos neurones. Les miens sont en surchauffe. Si vous m'avez suivi jusqu'ici, sans trop vous fatiguer, j'ai déjà gagné.

On est en janvier 2012. Des courtiers de Wall Street se sont plaints anonymement à des policiers new-yorkais de pressions et de chantages exercés sur eux par BlackRock. Les flics n'auraient pas bougé, si le procureur général alerté, particulièrement sensible à ces questions, ne les avait motivés. Les cadres de BlackRock étaient accusés d'avoir contraint des courtiers et des analystes financiers, dans l'État de New York, à leur livrer des informations confidentielles sur leur travail et la situation de leur clientèle. Les BlackRockers niaient les accusations. Le procureur général a fini par attaquer BlackRock pour délit d'initié. Une accusation qui a fait immédiatement flipper Larry. Il a mis ses meilleurs avocats sur le coup.

Le souci, c'est le proc. Il s'appelle Eric Schneiderman. Il est jeune et a la réputation d'être un dur à cuire. Il est le magistrat qui veut sauver Gotham City dans *Batman*. Il reproche non seulement à la firme d'enregistrer des informations confidentielles auxquelles elle a accès en tant qu'actionnaire, mais surtout « d'utiliser sa position dominante pour forcer les courtiers et analystes de Wall Street à répondre à des enquêtes très détaillées sur leurs activités ». L'enquête montre que BlackRock avait mis en place un ingénieux système de récompenses pour ceux qui collaboraient, et de blâmes pour ceux qui refusaient d'obtempérer. Toutes ces infos, parfois confidentielles, nourrissaient la matrice d'Aladdin.

J'insiste sur cette histoire, car elle est méconnue en Europe et n'a pas suscité d'émoi particulier outre-Atlantique. On retrouve quelques articles épars sur les sites du *New York Times*, de *Bloomberg* ou de *Politico*. Les communicants et les avocats de BlackRock sont connus pour embrouiller la presse. Par bien des aspects, ils me font penser à ceux de Clearstream.

Le 24 septembre 2013, Eric Schneiderman est invité à une conférence organisée par l'agence de presse Bloomberg. Il est alors en pleine enquête sur les délits d'initié de BlackRock. Il ne prononce pas le nom de Larry, mais tout le monde pense à lui quand le magistrat évoque ceux qui pervertissent les marchés et font montre d'une grande cupidité. Ce premier discours[103] et le réquisitoire qui suivra font voler en éclat la propagande de l'étoile montante de Wall Street, Larry Fink,

---

103 — Voilà la source originale où figure l'intégralité du discours du procureur de New York : https://ag.ny.gov/press-release/2013/remarks-attorney-general-eric-t-schneiderman-2013-bloomberg-markets-50-summit

et de sa firme, le plus gros gestionnaire d'actifs au monde... protecteur des retraités au service du petit épargnant.

Aujourd'hui, je pense que nous devons revoir certaines de nos habitudes, car nous voyons quelque chose de bien plus insidieux que le délit d'initié traditionnel. Des groupes discrets mais puissants sont en mesure d'utiliser des informations publiques combinées à des échanges à haute fréquence d'une manière qui fausse nos marchés bien plus qu'Albert Wiggin, Ivan Boesky ou Gordon Gekko n'auraient jamais pu l'imaginer. Et cette combinaison de trading haute fréquence avec un accès à des informations non publiques, récupérées illégalement et en avance, représente ce que nous appelons « délit d'initié 2.0[104] » dans mon bureau.

C'est la première fois que l'expression est utilisée et la comparaison avec le boss de BlackRock fait mouche. Albert Wiggin est un banquier cupide qui s'est enrichi sur le dos des plus pauvres pendant la crise de 1929. Ivan Boesky, un négociant en Bourse tombé en 1986, est un champion du délit d'initié qui s'est largement enrichi en captant des informations de proches. Après une enquête de la SEC et des aveux, il avouera ses fautes et fera trois ans et demi de prison. Il réglera, sans broncher, une amende de 100 millions de dollars pour ne pas en faire plus. Boesky a inspiré le personnage de Gordon Gekko[105], le trader cynique et sans foi ni loi de *Wall Street*, le film à succès d'Oliver Stone. Boesky est connu pour une tirade devenue culte où il revendique son âpreté aux gains comme un art de vivre : « Je pense que la

104 — Insider Trading 2.0

105 — Avec Carl Icahn d'ailleurs, cf. p. 95.

LORD, ABBET & CO
L'ART
Legg MASON
MERRILL LYNCH
PIERCE, FENNER & SMITH
JP MORGAN CHASE
Adm William OSBORN 28 M$ (actions)
NORTHERN TRUST
VANGUARD GROUP
CHASE MANHATTAN BANK
STANDARD OIL
EXXON
ROCKFELLER DAVID & CO
Sebastien VEIL (conseiller SARKOZY)
C.I.A
PAULSON & COMPANY
CFR
COUNCIL ON FOREIGN RELATIONS
BRIAN MULRONEY
Les EXPERTS : HOLBROOKE (AIG), KISSINGER
JP MORGAN CHASE
GOLDMAN SACHS
Citigroup
State Street
CAPITAL WORLD INVESTORS
WELLS FARGO BANK
Adm : Robert B. Zoellick, Robert R. RUBIN, John DEUTCH (CIA)
BANK of NY Mellon
VANGUARD GROUP
OPPENHEIMER
McGRAW Hill Company
PRICE (T.ROWE) ASSOCIATES
Wellington management COMPANY
BLACK ROCK
FAIRHOLME CAPITAL MANAGEMENT
POORS
BERKSHIRE HATHAWAY (Warren Buffet)
BLACK ROCK INSTITUTIONAL TRUST COMPANY
RIT CAPITAL PARTNERS
SEQUANA AGNELLI
Wendel
FIDELITY INVESTMENTS

cupidité est saine. Vous pouvez être gourmand et vous sentir bien dans votre peau. »

Un commentaire, Larry ?

Et le procureur, inspiré ce jour-là, de poursuivre sur le même registre :

Dans les années 1960, les gens détenaient leurs actions pendant cinq ans en moyenne, ce qui leur permettait de créer de la valeur. Maintenant, la période de détention moyenne est estimée à moins de cinq jours. Dans une minorité de cas, certains experts estiment que c'est moins d'une minute. Personne n'achète plus des actions en raison de leur valeur. Personne n'investit en stock pendant quelques heures ou quelques jours pour créer une entreprise ou développer un produit. C'est tout simplement incompatible avec les idées de base de nos marchés. Et il devient nécessaire que nous nous attaquions à ce problème si nous voulons restaurer la confiance du public.

Avant de conclure :

Quand j'étais enfant, tout le monde voulait jouer à la Bourse. Les symboles de richesse étaient de posséder votre maison et un portefeuille d'actions. Les Américains moyens et normaux pensaient qu'eux-mêmes et leurs courtiers, s'ils étaient prudents, avaient l'opportunité d'acheter bas et de vendre haut comme le faisaient les grands acteurs de Wall Street. Mais les nouveaux manipulateurs du marché — ces types qui font quelque chose d'inimaginable il y a encore dix ans — appellent l'épargne de ces Américains moyens l'argent débile. *Et, mesdames et messieurs, beaucoup d'entre nous ici peuvent très bien faire partie de ces possesseurs* d'argent débile. *Parce que si vous n'avez pas accès à un supercalculateur capable de retourner des dizaines de milliers d'actions en millisecondes et d'accéder un peu aux informations du marché en avance sur tout le monde, vous pouvez être dans* l'argent débile, *même si vous pensez être un initié. Lorsque la vitesse aveuglante est associée à un accès rapide aux données, cela donne aux gens le pouvoir de tirer de la valeur des marchés, avant même qu'elle n'atteigne le reste de la rue.*

Quatre mois plus tard, après deux années d'enquête, et des débats houleux, le 8 janvier 2014, le procureur général de l'État de New York et BlackRock sont parvenus à un accord selon lequel BlackRock acceptera de « mettre fin à son programme de sondages auprès des analystes de Wall Street ». Eric Schneiderman signe la fin des hostilités avec Larry Fink et BlackRock. La firme sera condamnée à verser 400 000 dollars de remboursement de frais. Un pourboire qui laisse un goût amer à certains observateurs ou acteurs de la procédure...

Schneiderman prend pourtant le temps de dénoncer les pratiques de BlackRock consistant à « agréger systématiquement » les informations des analystes en leur donnant ainsi un avantage « injuste pour prédire les futures opinions des analystes, en violation avec la loi ». L'enquête a été poussée, mais le procureur n'a pas réussi à prouver que des informations stratégiques avaient été livrées. BlackRock recevait des rapports cachés de spécialistes financiers depuis cinq ans, bien que les lois fédérales interdisent aux sociétés de courtage de divulguer sélectivement des informations avant leur diffusion aux clients qui y ont droit. Cet apport a été beaucoup plus important que ce que les avocats de la firme ont avancé dans la procédure. Ces informations confidentielles ont fondé la puissance et la notoriété d'Aladdin. BlackRock n'a ni admis ni nié les conclusions du procureur général, mais a « consenti à des mesures correctives, notamment l'interruption permanente et mondiale du programme d'enquête et la coopération continue avec les enquêtes connexes en cours[106] ».

Car les pressions sur les analystes et autres gestionnaires de fortune étaient exercées au-delà de New York, dans le monde entier. Dans un long communiqué, Eric Schneiderman annonce que cet accord met fin à la pratique consistant à interroger systématiquement les analystes de Wall Street pour capter des infos sur les entreprises qu'ils conseillent.

Avant cet accord, BlackRock exploitait le plus grand programme d'enquête au monde, sollicitant des réponses de courtiers qui révélaient contre leur gré des éléments de leurs rapports non encore publiés. [...] *Les rapports d'analystes sont considérés comme des informations ayant une grande incidence sur le marché et les décisions des investisseurs.* [...] *Le bureau du procureur général a déterminé que la conception, le calendrier et la structure des enquêtes permettaient à BlackRock d'obtenir des informations utilisées pour, comme le dit un document BlackRock, devancer les futures révisions des analystes.* [...] *L'enquête de BlackRock était en partie basée sur des informations fournies par des dénonciateurs confidentiels qui se sont manifestés pour exprimer de graves inquiétudes et pressions* [...] *Le bureau du procureur général a obtenu des centaines de milliers de pages de*

106 — Cf. la newsletter du cabinet d'avocats Sullivan et Cromwell, le 21 janvier 2014.

preuves documentées, liées au programme d'enquête des analystes de BlackRock, et a recueilli les témoignages d'employés de BlackRock et d'autres[107].

Le communiqué enterre la procédure de manière brutale et « incompréhensible », selon certains enquêteurs frustrés de ne pas avoir été plus loin dans les investigations : « Ils ont promis d'arrêter, alors on passe l'éponge, comme si un juge relâchait un receleur parce qu'il avait promis d'arrêter, sans même enquêter sur les criminels pour qui il faisait son recel », relate un témoin. En l'occurrence, il aurait été intéressant de savoir à qui BlackRock vendait ses informations illégalement recueillies ? Sans doute à des *hedge funds* (fonds spéculatifs) ou à des fonds de trading algorithmique...

Dans sa biographie, ou lors des interviews lorsqu'il vient en Europe, Larry n'est jamais interrogé sur ces zones d'ombre. Il passe sa vie à faire croire qu'il œuvre pour le bien des retraités et des petits épargnants, alors que son but reste de nous faire les poches. C'est un sacré pickpocket. Un bonimenteur de première. Un champion du double jeu. On l'écoute, il sourit, il nous explique qu'on est *has been* avec nos services publics et nos trente-cinq heures. Il est mort de rire quand on parle de retraite à soixante ans ou de réduction du temps de travail.

Macron lui tape dans le dos. Et c'est nous qui avons mal.

Je continue à charger la mule.

---

107 — https://ag.ny.gov/press-release/2014/ag-schneiderman-announces-agreement-blackrock-end-its-analyst-survey-program

Mais je vous rassure, elle sent l'écurie[108]...

Par exemple, Larry se dit démocrate, a soutenu Hillary Clinton et soutient Joe Biden, mais ne critique pas les républicains. Pire, en décembre 2016, il rejoint fièrement un forum d'affaires réuni par Donald Trump, pour « fournir des conseils stratégiques et politiques sur les questions économiques ».

N'oubliez pas que plusieurs de ses amis et de ses parrains dans le métier ont soutenu la campagne de Trump et sa politique de dérégulation des marchés.

Larry a fait gagner beaucoup d'argent à ses clients, il en gagne beaucoup pour lui, mais il en a aussi perdu un paquet. Il y a bien sûr l'histoire des crédits foireux de la First Boston (100 millions), mais il y a surtout des achats inconséquents comme la Stuyvesant Town, un complexe immobilier de cent dix bâtiments, acquis en 2006 pour 5,4 milliards, à Manhattan. Il a fait perdre 500 millions de dollars au fonds de pension californien Calpers, gros perdant qui ne lui en tiendra pas trop rigueur... Larry y croyait, comme il croit aux ETF, mais il n'avait prévu aucun des surcoûts du chantier. Il est parfois, malgré Aladdin, très imprévoyant.

Jusqu'à présent, il s'est toujours sorti de ces galères sans encombre. Larry est un chat. Un acrobate. Un être primaire,

---

108 — Pour les lecteurs lobotomisés ou épuisés, je ne signifie pas par cette ultime métaphore que ma mule sent mauvais – ce qui, vous en conviendrez, serait très incongru –, mais qu'elle approche de la grange où un paquet de paille l'attend. Elle est donc pressée d'en finir, comme moi d'aller dormir.

mais sophistiqué. C'est un paysan madré qui collectionne, nous l'avons vu, de manière boulimique, ce qu'il appelle le « folklore américain », de l'art populaire tendance grand ouest. Vous vous souvenez de la chanson de Sheila ? « *Je ne sais pas si vous êtes comme moi Mais chaque fois ça me met en joie D'écouter jouer sur un crincrin un vieil air du folklore américain Aussitôt je me vois déjà au fin fond de l'Arizona Affublée d'un grand chapeau et grattant sur un vieux banjo Woh Ring ding ding.* »

Larry adorerait, j'en suis sûr, ces paroles surannées, faciles à retenir et à fredonner, vantant la joie de vivre en Amérique. Le 45 tours de Sheila est peut-être posé dans son musée entre une galette dédicacée de Brian Wilson et une pipe ayant appartenu à Buffalo Bill. C'est un gars simple, Larry. Un collectionneur. Des monceaux d'objets sans valeur qu'il amasse sans fin. Ses girouettes de North Salem. On est loin des tableaux de Rembrandt du milliardaire de Wall Street, Thomas Kaplan. Ou de l'art contemporain tape-à-l'œil et défiscalisé de Bernard Arnault. Toute cette daube frimeuse est trop chère, trop compliquée. Larry revendique ce goût typique du « *farmer* », à l'image d'une grange où s'accumulent des montagnes de bric et de broc, au cas où, on ne sait jamais.

Quand il était étudiant, il buvait des bières et participait aux rassemblements de sociétés secrètes qui réunissent aujourd'hui les plus gros banquiers de la planète. Certains, même dans la presse dite sérieuse, y voient des gouvernements occultes. Jetez un œil sur le Kappa Neta Phi, cette fraternité où Larry apparaît en bonne place entre Michael Bloomberg, l'ancien maire de NYC, et Robert Rubin,

BLACK ROCK
BLACK ROCK GLOBAL ADVISORS
Président LAWRENCE FINCK
BARCLAYS
14 PARTICIPATI
EXOR GROUP
E.Q.T. PARTNERS
ENSO CAPITAL
LORD ABBOT
SEQUANA AGNELLI
WENDEL
BANK OF AMERICA
VALEO
Fond ARABE de Développement
Banque National du Koweit
R.I.T Capital ROTHSCHILD
FIDELITY INVESTMENTS
ROBERT M GATES
FRANKLIN RESSOURCES
NORTHERN TR
DEVORE
TROWE PRICE
VANGUARD GROUP
950 Mds $
JOHN BRENNAN
DAVOS
FORUM Economique 1970
Les élites ont tout intérêt à éliminer l'idée de lutte des classes
ARTHUR LEVITT
S.E.C
C.F.R.
DAVID M. RUBINSTEIN
CARLYLE
GOLDMAN SACHS
HENRI PAULSON 50 M $ (actions)
CAPITAL GROUP COMPANIES
STATE STREET CORP
COCA COLA
TRILATERALE
DETRUIT
AMERICAN EXPRESS
18% du WASHINGTON POST
Gère 30 Millions
CITIGROUP
WARREN BUFFET
BERKSHIRE HATHAWAY
CVC CAPITAL
GILLETTE
WELLINGTON MANAGEMENT
FITCH
STANDARD & POORS
MOODYS
BANK OF NEW YORK
MELLON
FORMULA ONE
AXA
BILL DALEY
CLINTON
OBAMA
CASINO GUICHARD
JP MORGAN CHASE
ABERTIS, BPA
SAMSONITE
SMURFIT KAPPA
SAINT GOBAIN
George SHULZ
MARTIN FELDSTEIN
Condoleezza Rice (sec BUSH)
PAUL HAZEN
MARSH & Mac LENNAN

l'ancien vice-président de Goldman et ex-secrétaire d'État au Trésor[109]. Ça ressemble plutôt à des rassemblements de vieux étudiants nostalgiques d'une Amérique blanche et machiste. Leur insigne se compose d'une chope de bière, d'une coupe de champagne, d'une main au doigt pointé et de cinq étoiles. Leur devise latine, *Dum vivamus edimus et biberimus,* signifie « Pendant que nous vivons, nous mangeons et buvons ». Certes.

Larry a démarré sa carrière avec une grosse embrouille sur les crédits hypothécaires à la First Boston. Puis il a surfé sur l'affaire des *subprimes* pour rebondir à Wall Street, où sa réputation de gagneur a été relevée dans un très long portrait publié par *Vanity Fair*[110].

Seize pages dans *Vanity*. La consécration. Encore qu'en le lisant, Larry a toussé. Et nous aussi. Le point d'orgue de l'article est ce court passage qui a bien énervé Larry, lui qui fait tant d'efforts pour policer son discours : « Les gens l'aimaient bien, mais il était aussi perçu comme arrogant et grossier, comme "un type qui voulait toujours plus que ce qu'il avait", déclare un ancien partenaire de la First Boston. Il bavait, le nez pressé contre la vitre. Vous pouviez sentir son ambition intense. Il a fait d'énormes paris sur les marchés, heureux de repousser sans arrêt les limites », renchérit la journaliste de *Vanity*. On se souvient aussi de lui comme d'un cador,

---

109 — https://www.challenges.fr/magazine/cette-societe-secrete-qui-gouverne-wall-street_346260

110 — Suzanna Andrews, avril 2010, https://www.vanityfair.com/news/2010/04/fink-201004

un BSD, *a big swinging dick*[111], expression immortalisée par Michael Lewis dans son livre *Poker menteur*[112]. Il tentait de décrire le plus arrogant et le plus agressif des traders obligataires de Wall Street. Des années plus tard, Fink a réagi amèrement à cette description, en invoquant le snobisme des banquiers d'investissement de Wall Street, qui méprisaient les traders juifs ou italiens (comme lui) et à qui il était permis de réussir dans le secteur des obligations hypothécaires uniquement « parce que personne ne voulait d'eux ailleurs ».

L'article évoque également BlackRock comme « un gouvernement fantôme », faisant référence à la montagne de contrats gouvernementaux attribués à l'entreprise. Le fait que BlackRock ait obtenu du Trésor américain, après la crise des *subprimes*, des contrats clés sans appels d'offres, dans le plus grand secret, a également soulevé des difficultés au Congrès et conduit à des questions sur les relations entre Larry Fink et certains hauts fonctionnaires et hommes politiques, en particulier l'ancien secrétaire au Trésor, Henry Paulson, ou Timothy Geithner, son successeur. « Il a une formidable capacité de réseautage. Il obtient toujours des informations, des commentaires, des tests », déclare, dans

111 — On a le choix, pour traduire, entre la version *soft*, « un mec sévèrement burné » ou plus *hard*, « un gars avec une grosse queue qu'il balance partout »... La volonté de la journaliste était de montrer une forme de violence, de machisme et de vulgarité chez Larry à ses débuts. Il s'est publiquement assagi depuis.

112 — Avant d'écrire *Le Casse du siècle* en 2010, Michael Lewis avait publié *Liar's Poker* (*Poker menteur*) en 1989 chez Norton et Cie. L'auteur y raconte sa vie de vendeur d'obligations à Wall Street.

l'article de *Vanity*, son ami Ken Wilson, ancien haut fonctionnaire du Trésor et associé de Goldman Sachs.

Si je devais écrire une lettre à Larry, perspective à laquelle je pense depuis que je me suis mis à enquêter sur lui, je commencerais par le féliciter. Je lui dirais: «Mon vieux Larry, on a beau ne pas croire ou penser de la même manière, sache que j'ai du respect pour ce que tu as accompli depuis le magasin de godasses de ton père. Ce n'est pas banal, un parcours pareil...» J'évoquerais peut-être avec lui l'histoire que je viens de lire sur les lunettes de Gandhi. Le héros de l'indépendance indienne est mort pauvre. Il ne possédait à la fin de sa vie que ses vêtements, sa canne et sa paire de lunettes. Il avait pris l'habitude de donner ses lunettes à ceux qu'il voulait remercier. Fin août, une salle d'enchères de Bristol en a vendu une paire 288 000 dollars. L'anecdote m'a fait penser à Larry. «Quand tout est argent, où est la vraie fortune, Larry?»

Ensuite, évidemment, j'enchaînerais: «Larry, je ne veux pas t'accabler, mais tu fais quand même un sacré boulot de merde à Wall Street.»

Il est probable qu'il le prenne mal et qu'il souhaite couper court à notre échange.

J'ai pensé à une alternative un peu plus douce: «Avec tout le respect que je te dois, j'aimerais que tu nous fiches la paix en France et que tu prennes ta retraite. Fais comme Gandhi, *man*. Donne tout ce que tu as. Donne tes lunettes à tes admirateurs. Les cadavres ne portent ni costard ni montre en or, tu sais. Ou si tu veux investir, achète un club de foot. Tiens, le FC Metz est à vendre et, avec un milliard, j'ai un bon produit d’appel pour toi. C’est un petit joueur de foot. Il s’appelle Lionel Messi. La fenêtre de tir est assez courte, mais la rentabilité assurée. Ainsi on pourrait se retrouver au foot ensemble. Je te paierais même une bière... »

Je doute que Larry apprécie mon humour.

30.

Florent va finalement éditer mon livre. C'est la meilleure solution. Je lui envoie le manuscrit demain. Il va publier aussi le livre d'Heike Buchter un peu après. Sans ma préface. Ainsi, tout le monde est content. Enfin, j'espère.

Avec les Allemands, rien n'a été simple. Heike a réactualisé son ouvrage et a décidé de le sortir aussi en Allemagne, mais dans une version différente de la version française. J'ai vu passer des messages de la traductrice qui s'arrachait les cheveux et a préféré jeter l'éponge, tant les formules nouvelles étaient alambiquées. Je n'ai pas tout suivi, mais je sais qu'Heike a contacté BlackRock qui a répondu à ses questions, voulu imposer un droit de réponse et une lecture du manuscrit préalable. Je ne pense pas qu'Heike ait accepté.

J'aurais aimé lui poser la question, mais elle ne me répond pas directement. Elle ne me répond pas du tout d'ailleurs. Elle n'aime pas mes toiles. Ça doit être pour ça.

Ma lettre est restée lettre morte. Ce qui n'est pas très grave, au fond.

Elle est une journaliste financière, moi, je suis un journaliste olé olé, un écrivain bizarre. Cette différence d'approche doit être perturbante.

Heike, *no problemo*. Il est bien ton livre.

J'ai eu une idée cette nuit. Pour être honnête, c'est mon copain Charles qui me l'a soufflée.

Au terme de cet ouvrage, chacun aura compris que l'omnipotence de BlackRock pose un problème à nos économies et à nos démocraties. Il ne s'agit plus de finance, mais de liberté.

À l'échelle mondiale, sauf évènement imprévisible, la partie est jouée : BlackRock est devenu une entreprise trop importante et trop puissante pour qu'on puisse arrêter les dégâts.

En France, par contre, tout est encore possible.

Comment ? En envoyant une lettre ou un e-mail à vos conseillers bancaires et agents d'assurances, en proposant aussi à vos proches de le faire...

OBJET : Question sur l'utilisation de mes liquidités par votre établissement.

Je dispose de quelques liquidités dans votre établissement (compte courant, un peu d'épargne), pas grand-chose mais tout de même. Pouvez-vous m'indiquer si cet argent est investi par vos soins dans les fonds gérés par la société américaine BlackRock, directement ou indirectement ?

Dans l'affirmative, je vous demande par la présente de procéder au retrait immédiat de ces fonds, pour les replacer dans vos propres fonds ou d'autres équivalents. Il se trouve, en effet, que je ne partage pas du tout l'éthique et la philosophie de la société BlackRock.

La réponse à ma question peut être obtenue auprès de vos services en quelques heures.

Néanmoins, selon les usages habituels, je vous demande de bien vouloir y répondre sous un délai maximal de huit jours, en me certifiant par retour de courrier, que vous avez bien procédé au déplacement que je vous demande par la présente.

En vous remerciant de votre attention.

Bien cordialement,

Au besoin, vous pourriez renvoyer ce mail jusqu'à obtention d'une réponse claire à laquelle vous avez droit.

Voilà. Nous sommes fin septembre. Je relis les épreuves. Le manuscrit part à l'imprimerie la semaine prochaine. J'ai fait le job.

À vous de jouer.

ÉPILOGUE

En fouillant sur le Net pour retrouver les investissements de BlackRock dans les vignobles français, j'ai découvert le « black rot » ou pourriture noire[113]. C'est une maladie de la vigne dont l'agent responsable est un champignon originaire d'Amérique du Nord. Il a envahi les vignes européennes et il est très contaminant, invasif et complexe à traiter. Il assèche et « momifie » les raisins. Son attaque est quasi-indécelable car l'empoisonnement est racinaire et vient du sol. Quand les fruits sont attaqués, il est trop tard pour sauver les vignes. Il faut généralement détruire les parcelles contaminées, les traiter avec des produits tuant le Black Rot et replanter. Cette maladie est décrite comme explosive et des plus préjudiciables pour les vignobles, car la pluie accélère sa propagation.

L'analogie est trop belle pour ne pas être signalée. Nous avons beaucoup à apprendre de la nature...

113 — Le *black rot*, ou pourriture noire, est une maladie cryptogamique de la vigne. L'agent responsable est une espèce de champignons phytopathogènes ascomycètes de la famille des Botryosphaeriaceae, *Guignardia bidwellii*, originaire de l'est de l'Amérique du Nord où il frappait les vignes sauvages avant l'arrivée de la vigne européenne cultivée (*Vitis vinifera* subsp. *vinifera*). Dans cette région, quatre genres de la famille des *Vitaceae* peuvent être contaminés : les diverses espèces de vignes américaines *Vitis*, les vignes vierges Parthenocissus et les lianes *Cissus* et *Ampelopsis*. Il a aussi été proposé de franciser black rot par « pourriture maculée ».

HSBC
ROYAL DUTCH SHELL
DANONE XEROX LVMH BP EXXON
DEUTSCHE BANK
UNILEVER
P.N.C.
GENERAL MOTORS
FINANCENT
1952
BILDERBE
AXA
MANGE
FIDELITY
Standard & POORS
JOHN MACK
MORGAN STANLEY
750 millions
André LEVY LANG (BNP-PARIBAS)
DAVID
ROCKFELL
CHASE MANHAT BANK
CHEVRON

ROBERTSON
Javier SOLANA
VANGUARD
INTERNATIONAL ADVISORY COUNCIL (IAC)
CHAIRMAN : JOHN LOUDON
(Royal Dutch Petroleum)
JOANN HEFFERNAN HEISEN
Vivendi
FIAT
SOLVAY
FORD
FORTIS
VOLVO
Bank of NEW YORK
HENRI KISSINGER
MOODY'S
BLACKROCK
GIOVANNI AGNELLI (FIAT)
CREDIT SUISSE
FANNIE MAE
BANCO LAVORO
CONTAMINE
VICTOR HALBERSTADT
USA : Paul ALLAIRE (XEROX)
AIG
AMERICAN INTERNATIONAL GROUP
NORMA ULLILA
ROITERS

ANNEXES

Annexe 1 — La préface

*Ce texte est la version originale envoyée en mai dernier à Florent Massot, qui devait figurer en préface du livre d'Heike Buchter (*BlackRock, une puissance secrète s'empare de votre argent*). Il y a des redondances avec le livre, car je m'en suis servi pour démarrer mon récit. Il est livré ici à titre documentaire, car cette préface censurée a provoqué mon envie d'écrire et de m'expliquer.*

Hard rock

Fin 2011, après que la Cour de cassation m'a donné raison dans mes procès contre Clearstream décrétant que mon enquête était sérieuse, de bonne foi et servait l'intérêt général, elle renvoie mon dossier à la cour d'appel de Lyon qui doit estimer le montant de mon préjudice. Dix ans de bataille contre les requins de la finance, tout ce temps consacré à me défendre des accusations portées contre moi, une partie de ma vie fichue en l'air alors que j'avais raison sur à peu près tout, ça valait combien ? Un million d'euros ? Deux ? Trois ? Dix ? Quarante-cinq comme le montant du préjudice moral octroyé à Bernard Tapie trois ans plus tôt ? À la fin de l'année, la cour d'appel de Lyon tranche et ne reconnaît pas mon préjudice moral. J'obtiens juste le remboursement de mes frais de procédure. Autant dire une broutille eu égard au bordel que cette affaire a fichu dans ma vie et celle de mes proches pendant dix ans. La cour d'appel de Lyon a (en gros) considéré que les attaques dont j'ai été l'objet faisaient partie des risques du métier de journaliste.

Aux États-Unis, j'aurais obtenu un gros chèque, mais les magistrats lyonnais, conservateurs et peu enclins à reconnaître la mainmise de la finance sur nos vies, n'ont pas voulu créer une jurisprudence qui aurait permis à d'autres journalistes et futurs lanceurs d'alerte de se prévaloir de ce jugement. J'aurais dû contre-attaquer, me pourvoir à nouveau en cassation, mais j'étais fatigué. Je voulais oublier Clearstream et ses aléas. Je n'étais pas déprimé, mais je n'arrivais plus faire ce pour quoi je pensais être programmé depuis tant d'années. Écrire. Un de mes livres avait été interdit à la vente, j'avais subi, en raison de mes écrits, des dizaines de procès et des centaines de visites d'huissiers. Je pensais être inoxydable et pourtant j'étais atteint. Pendant des mois, je me mettais tous les jours devant mon ordinateur, incapable de pondre une ligne qui se tenait tant j'étais encombré de pensées négatives liées aux raisons pour lesquelles les livres n'étaient plus des chasses gardées de la démocratie.

Entre-temps, pour me sortir du piège mental qui se refermait sur moi et pour oublier les procès, fort de mes connaissances des circuits financiers souterrains, j'ai trouvé refuge dans une galerie d'art à Paris – la Galerie W – tenue par un couple, Isabelle Euverte et Éric Landau. Ces deux-là ont sans doute vu un intérêt à mon histoire. Avec Philippe Pasquet, un ami peintre et prof de dessin, j'ai imaginé un autre sens aux mots qui me hantaient. Je me suis mis à écrire sur des toiles en inventant des formes. Je n'avais plus la force et l'envie d'enquêter. Je conservais la rage de dénoncer ce que je pressentais. En gros, l'avènement de BlackRock, Vanguard et Cie et l'influence de ces banques fantômes et de monstres de la *private equity* (le capital-investissement) sur nos vies.

Et c'est là – dans ces périodes de retraite et de méditation – que j'ai rencontré Lloyd Blankfein et Goldman Sachs ; les frères Koch et la famille Rockefeller ; Fidelity, Vanguard, BlackRock et Larry Fink. Mes maîtres du monde. J'essayais de comprendre ce qui arrivait. Pourquoi des pays aussi riches et bien dotés que les nôtres fabriquaient autant de pauvreté... Je lisais des articles sur la finance, regardais des vidéos, interrogeais des juges et des banquiers, des journalistes financiers et des hommes politiques, des avocats et des policiers. J'avais comme livres de chevet des ouvrages où les annexes contenaient des listes interminables de conseils d'administration de banques, de sociétés de trading, de multinationales, de médias. Je faisais des liens. Je tissais des toiles. Je cherchais les hommes derrière les systèmes.

Qui tenait les clés de ces histoires ? Qui avait le pouvoir de décider d'une fermeture d'usine ? Qui pouvait acheter un média, corrompre un élu ou exercer une influence sur les films de cinéma projetés en ville ? Qui décidait de nos fins de mois? Qui voulait privatiser nos retraites, nos protections sociales? Comment faire du journalisme et publier des informations originales dans ce monde où tout semblait compromission? Absolument tout. L'écriture pouvait-elle nous sauver? Quelle était la marge de manœuvre d'un journaliste? D'un écrivain? D'un éditeur? J'étais submergé de questions et, dans l'atelier des Abbesses, j'ai imaginé et construit des plans ramifiés, où sans cesse revenaient ces noms que je gravais à la craie grasse blanche sur des fonds noirs peints et repeints: Larry Fink, Lloyd Blankfein, Timothy Geithner, Frank Carlucci, David Rockefeller, les frères Koch. Et tant d'autres.

Plus je lisais, plus je m'interrogeais sur le pouvoir de la finance, plus je tournais, tel un vautour famélique, autour des stars et des rentiers de la *private equity*. Ceux que j'ai retrouvés des années plus tard en train de bouffer des pinces de crabe et des spaghettis carbonara à cent dollars chez Del Pietro, dans une ruelle proche de Wall Street. Là où aujourd'hui Larry Fink a son rond de serviette et sa table près de la fenêtre.

Quand je sortais de ma tanière pour regagner ma piaule, en général vers 4 ou 5 heures du matin, j'avais le sentiment d'être un mort vivant, un demi-fou, un type qui comprenait ce que personne n'avait compris. Dans ces moments d'égarement, d'humilité et de mansuétude, j'en venais presque à comprendre leur mécanique intime. N'importe qui peut sombrer et passer de l'autre côté.

La richesse n'est rien.

Et donc j'ai produit ces toiles. Trente et une environ en un mois de vie recluse. Vingt et une d'une série qui se suivent et s'emboîtent, et une dizaine d'autres conçues en unité spéciale. J'étais habité par cette folie d'élaborer des plans. Ma vision du pouvoir et de la vie terrestre. Et dans toutes ces toiles – je m'en rends compte aujourd'hui – revient le nom de Laurence Douglas Fink – dit Larry – et de BlackRock ou de BlackStone, son ancêtre.

Sur des fonds noirs, je faisais des liens entre les actionnaires des fonds de la *private equity* et les sociétés cotées : Coca, Chevron, Pepsi, Exxon, Total, Siemens, Enron, General Electric, Merrill Lynch, Barclays, Vanguard, Fidelity et BlackRock. J'y ajoutais des verbes, comme *mange, aime, détruit, planque, prend, vole*. J'y glissais des phrases comme *l'art d'ignorer les pauvres*.

Le nom de Larry Fink revenait souvent, en même temps que celui de son *rocher noir*. Comme un gimmick.

BlackRock et les débuts des BlackRockers. On était en 2012, et Larry était presque partout.

En 2020, il est partout. Il a écrasé de sa présence, grâce à des facteurs qu'il n'a pas toujours maîtrisés, tous ses concurrents.

Larry Fink est seul au monde. Il est l'homme le plus informé, soit le plus puissant du monde.

Larry Fink est, pour quelques années encore, le Maître de l'Univers. BlackRock est sa couverture. Aladdin, son algorithme. Et Heike Buchter sa biographe.

Heike, journaliste pour *Die Zeit,* vit à Manhattan depuis dix-neuf ans et traîne à Wall Street pour glaner des informations sur les géants de la *private equity*. Elle a écrit son livre sur BlackRock en 2015, et l'a réactualisé depuis. Un documentaire réalisé par Tom Ockers, inspiré de l'ouvrage d'Heike, a été diffusé sur Arte en 2019. Et la lutte contre la réforme des retraites a fait le reste. Nous avons vu apparaître Larry et BlackRock dans les journaux télévisés aux heures de grande écoute. Le public apprend ainsi que Jean-François Cirelli, ex-patron de Gaz de France, aujourd'hui boss de la filiale France de BlackRock, a été décoré de la Légion d'honneur par Emmanuel Macron. Nous avons vu des militants de Youth for Climate occuper les locaux des bureaux parisiens de la multinationale.

Il faut rappeler que BlackRock gagne et fait gagner beaucoup d'argent à ses investisseurs en finançant l'industrie fossile. Et en réchauffant la planète.

Nous avons entendu de nombreux commentaires indiquant que Larry avait influencé Emmanuel Macron pour qu'il nous vende sa réforme des retraites par capitalisation. Nous avons vu sa photo en compagnie de ses salariés et d'Emmanuel Macron dans un salon des salons de l'Élysée où le président les avait reçus en loucedé.

Nous avons lu, en avril 2020, dans une presse soudain réveillée et effrayée, qu'une filiale de BlackRock venait – étrange paradoxe – de gagner un appel d'offres à la Commission européenne pour conseiller ses nouveaux dirigeants en matière de climat.

En un an, on a mangé du BlackRock à toutes les sauces, sans trop comprendre ce qu'était et comment fonctionnait cette tentaculaire multinationale de la finance, coupable subitement de tous les maux et de tant de mots.

BlackRock, une puissance secrète s'empare de votre argent, traduit pour la première fois en français, vient enfin pallier ce manque. C'est un ouvrage roboratif où la journaliste nous prend par la main et essaie, à coups d'anecdotes, de portraits, de rappels historiques, de pédagogie, de rendre intelligible la montée en puissance de BlackRock. Et le danger qui se profile si on laisse cette firme prospérer sans contrôle ni régulation.

BlackRock – elle-même propriété de banques et de fonds de pension – pèse 7 000 milliards de dollars, compte près de quinze mille salariés répartis dans trente pays. La multinationale prodigue ses conseils et investit l'argent de ses clients dans les sociétés d'une centaine de pays, majoritairement en Amérique et en Europe, mais le marché asiatique (qui représente 10 % de ses activités) laisse entrevoir de belles perspectives.

Pourtant, malgré ces chiffres et la courbe évolutive de ses gains, la firme reste modeste dans sa communication. Et impénétrable. Pas un mot aux journalistes qui ne sont pas adoubés par la direction du groupe.

« Tandis que la banque d'investissement Goldman Sachs s'est fait construire un palais avec vue sur l'Hudson par l'architecte star Henry Cobb pour 2,1 milliards de dollars et que la Bank of America réside dans une tour de cinquante-cinq étages avec tous les raffinements de la technologie moderne près de Times Square à Manhattan, BlackRock a renoncé à des bureaux tape-à-l'œil, écrit Heike Buchter. En entrant au siège de la firme à New York, vous vous retrouvez dans une galerie marchande. Un air de piano accueille subtilement les visiteurs. Il y a un café Starbucks et un kiosque à journaux, qui vend également des billets de loterie et des chewing-gums. Le tailleur italien haut de gamme Brioni – costumes de 3000 à 7000 dollars et au-delà – y a ouvert une boutique. La vendeuse du magasin de chocolat suisse a l'air confuse. "BlackRock? Ils sont au deuxième étage". Ce qu'ils font? "Aucune idée", répond-elle en haussant les épaules. "Le mieux serait de chercher sur Google", conseille-t-elle. »

Bien plus informé, donc plus puissant, que Warren Buffett, Bill Gates, Marc Zuckerberg ou Tim Cooks, Larry Fink, 68 ans, veut absolument passer pour un type normal, dévoué à l'épanouissement et à la prospérité de ses clients. Il se lève à 5 heures, lit les journaux, entre dans son bureau à 6 heures, retourne chez lui dans sa villa de Manhattan à 18 h 30 rejoindre sa femme, rencontrée à l'âge de 17 ans. C'est l'anti-Gordon Gekko. *No coke, no alcohol, no vice*.

En dehors d'un chalet à Aspen, les seules marottes qu'on lui connaisse sont sa collection de girouettes dans une ferme qu'il a acquise à deux heures de voiture de New York. « Une sorte de ferme Disneyland, comme son propre frère, un investisseur de la Silicon Valley, l'a qualifiée, moqueur. Là, sur dix-huit hectares de terrain, Fink élève des chevaux. Et il collectionne de l'art – pas des impressionnistes français ni des minimalistes américains, achetés pour des centaines de millions chez Sotheby's ou Christie's par ses collègues des *hedge funds*. Fink collectionne l'art populaire américain. Par exemple, de vieilles girouettes », écrit Heike qui ajoute que ce hobby est parfait pour un banquier qui doit réagir aux changements de direction imprévisibles du marché.

Heike Buchter dresse de Larry le portrait qu'en fait la presse financière et qui correspond à l'image que veut donner l'homme le plus puissant de Wall Street. Larry serait devenu ce qu'il est grâce à l'éducation d'un père, marchand de chaussures à Los Angeles où il aurait appris le métier de vendeur à 10 ans. Puis, après des études brillantes, il est entré dans la banque comme on entre chez les évangélistes. Ce sera la First Boston où il multiplie les gros coups, jusqu'à une perte fatidique de cent millions de dollars pour avoir manqué de *vista* sur le marché de l'immobilier. Ce premier et seul échec connu est fondateur. Larry entre en 1988 chez BlackStone, un fonds d'investissement new-yorkais, dont il va diriger l'unité des risques. Sept ans plus tard, il lance BlackRock et s'émancipe.

Dans une des rares interviews accordées à la presse à cette époque, il reconnaît que parfois les outils informatiques, en créant de la valeur, « peuvent s'emballer et devenir non maîtrisables ». Il devrait se relire aujourd'hui, car même pour la prudente Heike Buchter, c'est le principal problème, et le danger qui nous pend au nez face à la pandémie que représente le capital-investissement géré par BlackRock et Larry Fink.

Dans un documentaire diffusé par Arte en 2019 et inspiré du livre d'Heike Buchter, une archive illustre cette menace. On est dans une émission dc télévision. Larry, son costard passe-partout, ses larges cravates et ses lunettes cerclées d'or, est assis sur un divan aux côtés d'un gestionnaire de *hedge funds*, un vieux loup richissime de Wall Street : Carl Icahn. Il faut se méfier des vieux loups, surtout quand ils sont riches, car ils se sentent parfois pousser des ailes. Face à un Larry Fink qui n'en croit pas ses oreilles et se tasse de plus en plus, Carl Icahn énonce, hilare : « Je crois que BlackRock est une compagnie extrêmement dangereuse. On est comme dans un bus discothèque dans lequel tout le monde boit des verres et s'amuse. C'est Larry et Janet Yellen [alors patronne de la Federal Reserve] qui le conduisent. Le bus cherche de temps en temps à freiner. Janet s'inquiète, mais Larry n'est pas d'accord et lui dit : "Laisse, on fait la fête, on ne freine pas". Le bus fonce et au bout, il y a une falaise, et le bus va s'écraser. » Larry se demande vraiment ce qu'il est venu faire dans cette galère, mais le vieux Carl n'en a pas fini. Il regarde l'animateur et demande : « Et vous savez sur quoi va s'écraser le bus ? » Carl se bidonne. Larry, moins. « Sur un *black rock* (un rocher noir). » Tout le monde pouffe, sauf le patron de BlackRock, qui bafouille deux trois phrases pour dire qu'il ne souhaite avoir et n'a aucun contrôle sur les marchés financiers qui pourraient s'emballer : « Ils sont contrôlés par tous ceux qui y participent », plaide-t-il. Rideau.

À lire l'ouvrage d'Heike Buchter, on saisit ce qui va faire passer BlackRock de société riche et prospère de la *private equity* à *number one* et champion du monde des affaires : la crise des *subprimes* de 2008.

L'épisode, raconté par Katrina Brooker, une journaliste de *Fortune,* est amusant. Le 15 septembre, Larry quitte Wall Street pour un voyage à l'étranger. Lorsqu'il descend de son avion après une dizaine d'heures de vol, il apprend que la banque Lehman Brothers est en faillite, que Merrill Lynch a été revendue à Bank of America et que l'assureur AIG vacille : « "Je me suis senti comme Charlton Heston sur la Planète des singes", déclarera Fink. Dans le film hollywoodien, un astronaute joué par Charlton Heston, qui croit avoir échoué sur une autre planète, tombe soudain sur les restes de la statue de la Liberté et comprend ainsi que sa civilisation a disparu, complète la journaliste allemande. Mais pour Fink et son équipe, c'était le début d'une transformation. D'un gestionnaire d'actifs avec une préférence pour les obligations et des analystes intelligents, ils devenaient l'un des grands acteurs des coulisses de la haute finance et de la grande politique. Peu de temps après le désastre, le département du Trésor et la Réserve fédérale ont contacté Fink. BlackRock pourrait-il s'occuper des titres toxiques contenus dans les comptes d'AIG ? »

Grâce à son réseau d'amitiés forgé dans le monde politique – entre Wall Street et les arcanes du pouvoir à Washington, les va-et-vient sont légion – et sa réputation de supercalculateur de risques, Larry Fink sait se rendre indispensable et accepter toutes les missions qu'on lui confie, surtout celle de dénouer les fils du krach de 2008, de traquer les crédits toxiques et d'empêcher que le gouffre ne se creuse. Cette mission est confiée sans appels d'offres. « On n'avait pas le temps, on était dans l'urgence », se justifiera la Maison-Blanche. Larry et son sens du calcul permettent à Obama de sauver Citygroup, la première banque américaine, en fixant le montant de la somme à investir. Cinq milliards quand même. Obama paiera sans discuter en faisant marcher la planche à billets.

« L'histoire de BlackRock est l'histoire d'un renversement du pouvoir à Wall Street », poursuit Heike.

Sous l'égide de Larry, BlackRock conquiert le monde grâce à deux activités, deux outils, deux stratégies. Entre les deux, Larry Fink nous promet qu'il a installé une « muraille de Chine ». Ces deux activités sont le conseil et l'investissement. Autrement, dit, Larry assure que ceux qui conseillent en investissement ne bénéficient pas des informations de ceux qui interviennent pour informer de l'état des comptes d'untel ou d'untel. À lire Heike Buchter, on est obligé de le croire sur parole, car aucune enquête sérieuse et indépendante n'a jamais été menée sur BlackRock, devenu trop gros et trop influent aujourd'hui pour être questionné. Et c'est ce qui inquiète. *Too big to fail.*

Jusqu'où va aller BlackRock ?

Larry a construit sa notoriété et son succès sur deux inventions : Aladdin et les ETF.

Les ETF – *Exchange-Traded Funds* (fonds négociés en Bourse) – sont la dernière grosse trouvaille des banquiers et des traders de Wall Street. On achète la valeur d'un indice en Bourse et plus une action. C'est nouveau – en 2009 – et ça va rapporter gros. « On est chez BlackRock comme chez un marchand de glaces italien », explique Heike. On a des dizaines de parfums et de couleurs. On peut vendre à ses clients un investissement dans le CAC 40 français, dans la biochimie, dans l'automobile électrique, chez les Norvégiens, dans le pétrole, l'armement, l'énergie éolienne, les boissons gazeuses... BlackRock va très vite devenir le plus gros pourvoyeur d'ETF du monde. « Tandis que les banques et les autres concurrents étaient encore occupés aux travaux de réparation après la crise de Lehman, Fink est passé à l'attaque et a repris la division iShares de la Barclays

Bank, dans le cadre d'un deal de 13,5 milliards de dollars. Avec la division des fonds de Merrill Lynch, BlackRock avait déjà intégré le business avec le placement d'argent. Mais les iShares ont catapulté d'un seul coup les New-Yorkais au premier rang», révèle Heike.

Aladdin est une intelligence artificielle : *Asset, Liability, Debt and Derivative Investment Network.* Aladdin est né de la paranoïa quasi maladive de Larry Fink sur le risque. Il a installé ses ordinateurs géants, qui moulinent en permanence, à Wenatchee, au bord du fleuve Columbia, dans ce territoire indien de l'État de Washington où, en raison de nombreux barrages sur le fleuve, l'électricité est la moins chère du pays.

Pendant des siècles, la tribu des «gens du fleuve» s'est installée le long des rives, dans des huttes en roseaux. Ils vivaient de la pêche au saumon. Mais les fermiers européens s'appropriaient de plus en plus de terres. Finalement, des ingénieurs sont arrivés et ont fait construire des barrages. Ces derniers ont barré le passage aux saumons qui remontaient chaque année le courant depuis le Pacifique pour le frai. Aujourd'hui, les descendants restants des Wanapum vivent dans de modestes maisons que la compagnie d'électricité a construites pour eux. Les fournisseurs d'électricité exploitent désormais les quatre cents barrages. Ils retiennent les eaux du Columbia et de ses affluents depuis les années 1950. Ce qui a volé leur existence aux Indiens a jeté les bases d'une nouvelle industrie, installée dans le bassin du Columbia : les centres de données.

Tout au long de son livre, à travers l'ascension de Larry et de BlackRock, Heike nous conte aussi une histoire de l'Amérique.

Elle revient sur la manière dont les grands groupes américains, après la Seconde Guerre mondiale, ont acquis la conviction qu'ils pouvaient dominer le marché intérieur comme extérieur. Ils sont tombés sur l'ogre chinois qui les a dévorés. La mondialisation a amené la chute de géants comme General Motors et, peu à peu, les entreprises ont cherché des moyens de se défaire de leurs responsabilités sociales. Heike raconte comment, avec Ronald Reagan président, l'État a aidé les entreprises « en favorisant des plans d'épargne retraite individuels par capitalisation, où le risque migre de l'employeur vers l'employé ». Les nouveaux plans d'épargne des salariés américains se sont « involontairement ouverts au marché boursier ». Ils confient leur épargne à « des fonds d'investissement pour la retraite : de préférence à de grandes sociétés bien connues telles que Fidelity, Pimco, Vanguard ou, plus tard, BlackRock ». C'est le début de la montée en puissance des gestionnaires de fonds.

Certaines de ces banques et sociétés, mais aussi Yahoo, Microsoft et Dell ont installé leurs serveurs à proximité de Wenatchee. Mais leurs ordinateurs, même imposants, sont infiniment plus petits et moins gourmands en énergie qu'Aladdin. Les lignes de code, autour de trente millions à ce jour, du programme d'Aladdin, n'ont pas d'égales sur la planète numérique, sauf peut-être celles de Facebook et de ses milliards d'abonnés. Les calculs surchauffent jusqu'aux câbles qui alimentent les ordinateurs de BlackRock.

Aladdin grandit quotidiennement, explique Heike, *toutes les heures, toutes les minutes, toutes les secondes. Parce qu'il est constamment nourri avec de nouvelles données. Enfin, et surtout, comme chez Google et d'autres sociétés technologiques, ces données sont fournies volontairement par les utilisateurs. Dans ce cas, il s'agit des grands investisseurs. Aladdin sait où va le capital sur notre globe, il sait aussi d'où il vient. Même les informations sur les consommateurs ordinaires peuvent trouver leur chemin vers Aladdin : des centaines de personnes ont travaillé sur les programmes composant Aladdin pendant plus de deux décennies. Aladdin consiste désormais en une armée de milliers d'analystes et d'environ six mille ordinateurs qui exécutent des centaines de millions de calculs par semaine. Une installation à rendre la NASA jalouse. Aladdin a besoin de toute la capacité pour calculer la valeur des actions, des obligations, des devises ou des titres de crédit contenus dans les portefeuilles d'investissement lourds de plusieurs milliards, et tout cela chaque jour, chaque heure, à chaque minute, parfois même à chaque seconde. En même temps, Aladdin examine précisément comment cette valeur devrait changer si l'environnement change.*

Les valeurs brassées par Aladdin en une année ont été estimées à 18 000 milliards de dollars.

BlackRock, sans la maîtrise et la toute-puissance d'Aladdin, n'est rien. Quand la firme remporte le concours récent de la Commission européenne en matière de conseil en environnement, on comprend, à lire l'ouvrage d'Heike, qu'elle le doit d'abord à son supercalculateur. On achète la vélocité et les diagnostics de l'AI de Larry.

BlackRock conseille la Fed, la BCE, Airbus, Exxon, JPMorgan, Apple.

Les banques centrales sont des clients très intéressants, elles disposent de précieuses informations, note Heike. Surtout pour les acteurs du marché. Parce que personne ne peut contrôler des marchés comme eux. Oui, certes, il y a les fameux chinese walls, *ces précautions organisationnelles grâce auxquelles les entreprises doivent empêcher leurs collaborateurs d'apprendre ce qu'ils ne devraient pas savoir. Mais quand on mentionne les* chinese walls *à Wall Street, on obtient généralement un sourire et un haussement d'épaules en retour.*

Pour ne prendre que des sociétés françaises, BlackRock possède 6,3 % de Total, 6,5 % de Sanofi, 6,4 % de Publicis, 5,9 % de Danone, 6 % de Schneider, 5 % de BNP Paribas, 2,74 % de Peugeot, 1,9 % de LVMH, 4,97 % de Pernod Ricard.

BlackRock vote aux assemblées générales de dix-sept mille sociétés dans le monde.

Chaque année, au moment de Davos où il est un roi, Larry le Modeste écrit aux actionnaires des sociétés dans lesquelles BlackRock investit en utilisant un langage sibyllin, et rarement un mot plus haut que l'autre. Exemple cette année : « Toute entreprise doit contribuer positivement à la société. » Ben voyons.

À force d'investir partout, BlackRock se retrouve avoir des propriétés communes, et logiquement concurrentielles.

Par exemple, la multinationale possède 1% d'Adidas et 3% de Puma. Et le groupe est actionnaire de nombreuses compagnies aériennes concurrentes.

La propriété commune est la règle, pas l'exception, relate le documentaire d'Arte qui note que trois fonds – dont BlackRock – sont majoritaires dans les cinq cents plus importantes sociétés américaines.

Dans le transport aérien, des accords de non-concurrence auraient provoqué une augmentation de 11% du prix des billets d'avion: Martin Schmalz, un chercheur allemand d'Oxford, a sévèrement mis en cause cette gestion qui, à l'évidence, lèse le consommateur au profit de l'actionnaire. Il a été entendu en 2018 par la Commission fédérale du commerce. BlackRock a toujours refusé de s'abaisser à répondre à ses accusations. Ce jour-là, Barbara Novick, vice-présidente de BlackRock, est contrainte de descendre dans l'arène: «Renoncer à la propriété commune en limitant l'investissement à une entreprise par secteur rendrait la possession de portefeuilles diversifiés désormais impossible. Or, cet engagement est crucial dans la chaîne de responsabilité. Il bénéficie autant aux actionnaires qu'à la société tout entière», avance la principale collaboratrice de Larry. Personne n'a eu le courage de lui dire que sa défense était nulle.

BlackRock semble intouchable.

Larry Fink a créé un duopole avec son concurrent de la *private equity*, Vanguard. À eux deux, ils gèrent 66% des revenus des retraites par capitalisation aux USA et 50% en Europe.

Et ils en veulent encore et toujours plus. D'où les liens tissés en France avec Emmanuel Macron.

Dans le film diffusé par Arte, un ancien salarié de la filiale de BlackRock à San Francisco, qui a peur de témoigner à visage découvert, a passé une partie de sa vie à convaincre ses clients d'acheter des ETF. Il résume bien la philosophie de BlackRock : « Rendre les riches encore plus riches. »

« L'unique objectif du capital-investissement est d'augmenter le profit des propriétaires – que des emplois soient ensuite créés ou supprimés, cela n'est qu'un effet secondaire, écrit Heike Buchter. Dans le capitalisme financier 2.0, le lien entre les propriétaires et les entreprises s'est transformé en une chaîne de plus en plus longue. Les maillons intermédiaires sont des administrateurs professionnels qui agissent au nom des vrais investisseurs. Le phénomène porte un nom : c'est la "séparation de la propriété de la propriété". Cela sonne comme une référence à Magritte, qui a écrit *"Ceci n'est pas une pipe"* sous l'image d'une pipe. Mais le surréalisme financier fait depuis longtemps partie de la vie quotidienne. »

Les États, tous continents confondus, semblent avoir capitulé face à la toute-puissance de BlackRock.

En testant, sur commande d'État, la résistance des banques américaines ou européennes, Aladdin a accès à des informations très sensibles.

À plusieurs reprises, on a soupçonné des dirigeants de BlackRock de délit d'initié.

Comme en Grèce ou en Irlande au moment de rachats d'entreprises que BlackRock avait auditées.

Ou au Mexique, où le président Lopez Obrador, après une entrevue avec Larry Fink, a finalement renoncé à la nationalisation de la compagnie pétrolière Pemex et à l'abandon d'un oléoduc entre le Mexique et le Texas, où BlackRock avait quelque intérêt.

Larry sait s'entourer partout où il investit. Il a ainsi recruté le fils du milliardaire mexicain Carlos Slim et fait embaucher un de ses hommes à Pemex puis au conseil d'administration du gestionnaire de fonds de pension mexicain.

Il n'y a guère qu'à Berlin, où Larry a dû récemment céder. Après avoir racheté Deutsche Wohnen, une société immobilière qui voulait augmenter ses loyers, devant la colère et la mobilisation des Berlinois, les politiques ont finalement gelé les loyers sur cinq ans. L'action de la société immobilière a chuté de 20 %. Larry était mécontent, mais il a vite enfoui cette minuscule perte dans sa monstrueuse comptabilité.

BlackRock est devenu le plus gros investisseur de la planète. Et de loin. Mais la firme est moins contrôlée qu'une banque, car elle n'est pas considérée comme d'importance systémique. On peut voir dans cette étrangeté un nouveau grave danger.

Pour BlackRock, l'objectif est de continuer de s'étendre, d'apporter encore plus d'argent d'investisseurs dans leurs fonds. La proximité des dirigeants de BlackRock avec les hommes politiques ouvre des potentialités infinies.

À lire Heike Buchter, on est saisi d'effroi, car personne ne contrôle vraiment BlackRock, sinon Aladdin. Et encore.

Si par exemple les clients de BlackRock décidaient unilatéralement de récupérer leur mise, toutes les entreprises à travers la planète dans lesquelles la firme a investi couleraient.

Personne ne serait en mesure de racheter les ETF.

Heike Buchter craint cette trop grande place prise par BlackRock « un peu comme dans *La Guerre des étoiles*, quand le côté obscur de la Force devient trop puissant », conclut-elle.

D'autant que Larry Fink apparaît, au fil des ans et des pages, comme un fieffé libertarien. Depuis six ans, on le voit beaucoup plus communiquer : « Dans les matinales, à Washington, à Madrid, à Londres et à Berlin. Il rédige des billets d'opinion pour le *Wall Street Journal*, accorde au journal espagnol *El País* un entretien au Ritz, parle avec les rédacteurs du *Spiegel*, leur explique que les Allemands ont trop peur d'investir », relève la journaliste.

Et le message devient inquiétant. D'après Fink, les citoyens auraient trop peur du changement et devraient risquer plus pour gagner plus. Il est un fervent partisan de l'allongement de la vie professionnelle : « Pourquoi devrait-on être improductif un tiers de notre vie durant ? » demande-t-il régulièrement dans ces entretiens. À ses yeux, « c'est une bénédiction de travailler jusqu'à 67 ou 68 ans... »

Larry veut nous fourguer ses assurances-retraite, oubliant que les Américains, tout en allongeant leur durée du temps de travail, ont perdu, comme le relève Heike Buchter, 30 % de leurs retraites depuis la crise de 2008, et la mainmise grandissante des sociétés de la *private equity* comme BlackRock. « Le fait que Fink invite à considérer ce risque de façon un peu plus détendue relève du cynisme », conclut-elle.

L'attaque contre les systèmes de retraite est le Grand Œuvre de Larry Fink. BlackRock est le bras armé qui vise à détruire l'État social partout.

Comme je l'inscrivais sur mes toiles huit ans plus tôt, Larry Fink maîtrise parfaitement l'art d'ignorer les pauvres. Et de les rendre encore plus pauvres.

BlackRock, une puissance secrète s'empare de votre argent le démontre implacablement.

Denis Robert, 3 mai 2019.

Annexe 2 — Extrait de l'édito du 12 mai 2020[114] (diffusé sur lesite du media.tv)

Assigné à Résistance : BlackRock is watching you

Le prix des masques, Big Brother, BlackRock et Aladdin, Lindon face à ses pairs : le huitième épisode du carnet de bord de Denis Robert, déconfiné près de Metz.

Hier matin, je me suis réveillé dans du coton. J'ai mis un pied au sol, encore vaseux et sans repère. J'avais dû dormir pendant deux mois, avec quelques phases de réveil. Et puis, somnolant, j'ai ouvert le volet. Le temps était plus gris que d'habitude, avec une tempête qui faisait craquer les arbres. Comme si le vent d'ouest voulait nous revigorer ou nous alerter. J'ai allumé les infos. Véran, Nunez. Sibeth Ndiaye la clope au bec. J'ai aussitôt éteint. Je savais ce qu'ils allaient dire. Le cauchemar continue.

[...] Ces derniers jours ont été denses. En plus de mon job au Média, j'ai lu et préfacé un épais livre sur la firme BlackRock, qui doit sortir en juin chez Florent Massot : *BlackRock, une puissance secrète s'empare de votre argent.*

C'est avec Florent déjà, et avec Marion Mazauric, que nous avions monté l'opération *Crépuscule*, le livre de Juan Branco. Chaque jour qui passe montre à quel point ce récit sur l'avènement du macronisme était pertinent et

114 — https://www.lemediatv.fr/articles/2020/assigne-a-resistance-blackrock-is-watching-you-SZBxZSiuR-iy-d9ya6hyvg)

prémonitoire quant à l'incapacité de ce pouvoir à nous protéger et à faire face. Si vous souffrez d'insomnie, il est en accès libre et en audio là.

Je vous parle de BlackRock pour des tas de raisons. D'abord, ça change du Covid. Aussi, parce que pendant qu'on s'occupe de l'épidémie, on oublie que BlackRock est un virus tout aussi dangereux à long terme, qui grignote nos vies, nos intimités, nos comptes en banque. Et qui travaille dans l'ombre. BlackRock prospère comme la mafia. Moins on en parle, plus ça agit.

Et Larry Fink, le patron, 68 ans, air lisse de clergyman, est un parrain qui cache son jeu pour mieux nous faire les poches. Larry est un libertarien qui pense qu'on devrait travailler au moins jusqu'à 68 ans, parce que le travail est, selon lui, épanouissant. Larry, c'est l'art d'ignorer les pauvres et d'enrichir les riches.

Emmanuel Macron l'aime beaucoup. Il a reçu ce champion du monde toutes catégories des retraites par capitalisation et son staff en grande pompe – mais discrètement – à l'Élysée, en juillet dernier. Ça aurait dû nous mettre en alerte.

Larry Fink est – de loin – le plus puissant financier de Wall Street. Le coronavirus lui a fait perdre 1 000 milliards de dollars, mais c'est deux fois moins – en pourcentage – que ce qu'ont perdu les sociétés cotées en Bourse dans le monde.

Malgré ces pertes, la Federal Reserve vient de faire appel à BlackRock pour sauver l'économie américaine.

Le livre d'Heike Buchter suit la montée en puissance du patron de BlackRock et nous permet de mesurer l'ampleur du danger. BlackRock ne répond jamais aux questions des journalistes et pèse 7 500 milliards de dollars, compte près de quinze mille salariés, prodigue ses conseils et investit l'argent de ses clients dans les sociétés d'une centaine de pays. Les gouvernements nationaux et l'Europe l'ont laissé se développer grâce à deux activités qui se nourrissent l'une et l'autre, à nos dépens.

BlackRock fait du conseil en investissement et BlackRock informe les banques et les États en ayant accès aux informations secrètes des comptabilités de ces mêmes banques et États. BlackRock est juge et partie. Le conflit d'intérêts est patent.

BlackRock est un putain de virus qui se nourrit ainsi de nos faiblesses et de nos compromissions. Devenu *too big to fail*. Trop gros pour tomber.

La force et l'arme de BlackRock s'appellent Aladdin. Son intelligence artificielle. C'est elle qui a gagné le marché récent de conseil pour l'environnement à la Commission européenne.

Aladdin gagne de jour en jour en autonomie. Il dépassera très vite toute intelligence humaine. Et le scénario noir de *2001, l'Odyssée de l'espace* – réalisé par Kubrick en 1968, cette idée que la machine va prendre le pas sur l'homme – se réalisera enfin.

Les lignes de code du programme d'Aladdin n'ont pas d'égales sur la planète numérique. Aladdin grandit quotidiennement. Depuis vingt ans, près d'un millier d'analystes fabriquent l'IA la plus performante du monde. Tous les discours politiques, les relevés de cartes bancaires, nos consommations, transitent par Aladdin: «Six mille ordinateurs exécutent des centaines de millions de calculs par semaine, écrit Heike Buchter. Une installation à rendre la NASA jalouse. »

Les valeurs brassées par Aladdin en une année sont estimées à 18 000 milliards de dollars.

BlackRock, sans la maîtrise d'Aladdin, n'est rien. BlackRock conseille la Fed, la BCE, Airbus, Exxon, JPMorgan, Apple. Et c'est un actionnaire important des principales entreprises du CAC 40 français.

On est dans une émission de télévision. Larry Fink, son costard passe-partout, ses cravates et ses lunettes cerclées d'or, est assis aux côtés d'un gestionnaire de *hedge funds*, un vieux loup de Wall Street : Carl Icahn. Il faut se méfier des vieux loups, surtout quand ils sont riches, car ils se sentent parfois pousser des ailes.

Face à un Larry Fink qui n'en croit pas ses oreilles et se tasse de plus en plus, Carl Icahn énonce, hilare : « Je crois que BlackRock est une compagnie extrêmement dangereuse. On est comme dans un bus discothèque dans lequel tout le monde boit de l'alcool et s'amuse. C'est Larry et Janet Yellen [alors patronne de la Federal Reserve] qui le conduisent. Le bus cherche de temps en temps à freiner. Janet s'inquiète, mais Larry n'est pas d'accord et lui dit "Laisse, on fait la fête, on ne freine pas". Et le bus fonce et au bout, il y a une falaise et le bus va s'écraser. »

Larry se demande vraiment ce qu'il est venu faire dans cette galère, mais le vieux Carl n'en a pas fini. Il regarde l'animateur et demande : « Et vous savez sur quoi va s'écraser le bus ? » Carl se bidonne. Larry, moins. « Sur un *black rock* [un rocher noir] » Tout le monde pouffe, sauf le patron de BlackRock.

(...)

Bientôt va naître un groupe dont vous allez entendre parler. Un conseil national de la nouvelle résistance... CNNR... Dont la vocation est de regrouper, loin des partis politiques, mais pas contre eux, tous ceux qui cherchent à inventer le jour d'après. Nous voulons être un point de ralliement. On résistera à Macron, aux *emmarcheurs*, à BlackRock, aux globalisateurs qui veulent nous essorer encore un peu plus avec leur art d'ignorer les pauvres... Résister aussi à la technosurveillance... On y est à fond... Avez-vous vu cette vidéo qui vient de Singapour ? Des robots surveillent les parcs et vont bientôt balancer un gaz paralysant les mauvais citoyens... Vous croyez que je plaisante... Bientôt, ce modèle sponsorisé par BlackRock et la République en marche serait dans nos parcs, nos rues, nos forêts... Faites risette... *Big Brother is watching you*. Allez, salut.

Annexe 3 — Communiqué BlackRock

Position de BlackRock à propos des dispositifs de retraite en France

Paris, le 19 décembre 2019 - À la suite de diverses affirmations relayées par les médias et réseaux sociaux, BlackRock souhaite apporter les précisions suivantes :

BlackRock est un gestionnaire d'actifs indépendant, agissant dans le cadre des mandats qui lui sont confiés. Les épargnants et les investisseurs institutionnels nous font confiance pour gérer leurs placements : nous avons le devoir de le faire dans le cadre des objectifs qu'ils nous fixent, et au mieux de leurs intérêts.

BlackRock n'est pas un fonds de pension et ne commercialise pas de plan d'épargne-retraite. Dans ce dernier cas, le rôle des gestionnaires d'actifs, tels que BlackRock, consiste à gérer des produits d'investissement pour le compte des professionnels de l'épargne-retraite. C'est à ces acteurs que revient le choix des produits à intégrer dans les plans d'épargne-retraite qu'ils proposent aux particuliers et aux entreprises.

Nous nous étonnons des allégations qui circulent à propos de nos positions quant aux dispositifs de retraite en France. Il existe depuis longtemps des plans d'épargne-retraite, tels que le PERCO et le PERP, qui viennent en supplément des régimes de base et complémentaires, et qui sont financés par des versements volontaires des épargnants. Dans le cadre de la réforme de ces plans par la loi Pacte, nous avons, comme beaucoup d'autres professionnels du secteur, exprimé notre point de vue sur ces mesures, notamment par une analyse de cette loi après son vote définitif par le Parlement, accessible à tous sur notre site Internet.

Comme il est expressément indiqué dans cette note, notre analyse était adressée à tous les acteurs de la retraite des secteurs publics et privés. Cette analyse s'appuyait sur notre expertise de gestionnaire d'actifs international implanté en France depuis plus de treize ans et appelait tous ces acteurs à travailler ensemble pour développer des produits d'épargne-retraite supplémentaires viables et efficaces.

Lorsque BlackRock dialogue avec les organismes de réglementation et les pouvoirs publics, c'est dans le but d'expliquer notre point de vue sur l'intérêt des investisseurs à long terme. Nous publions régulièrement, sur notre site Internet, nos analyses sur différents sujets réglementaires et législatifs. Nous veillons à respecter la réglementation en vigueur en matière d'engagement avec les pouvoirs publics, comme dans l'ensemble de nos activités de gestionnaire d'actifs.

En aucune manière, nous n'avons cherché à exercer une influence sur la réforme du système de retraite par

répartition en cours auprès des pouvoirs publics ou de tout autre acteur du secteur. Le système de retraite par répartition restera le socle de la retraite en France, comme notre analyse de la loi PACTE le soulignait déjà.

Les incompréhensions sur notre métier qui ont circulé au cours des derniers jours plaident pour que nous poursuivions la pédagogie à propos des activités de gestionnaire d'actifs. Nous continuerons à promouvoir une épargne responsable, créatrice de valeur sur le long terme pour nos clients et la société dans son ensemble.

Pour plus d'informations : https://www.blackrock.com/fr/intermediaries/a-propos-de-blackrock

BlackRock a pour mission d'aider un nombre croissant d'individus à préparer leur avenir financier. Partenaire de confiance des investisseurs et premier fournisseur de technologie financière, nos clients s'adressent à nous pour obtenir des solutions leur permettant d'atteindre leurs objectifs clés. Au 30 septembre 2019, BlackRock gérait près de 6 960 milliards de dollars d'actifs pour le compte d'investisseurs dans le monde entier.

Pour plus de renseignements sur BlackRock : www.blackrock.com/corporate

BlackRock en France. Membre de l'Association française de gestion, BlackRock est présent en France depuis 2006 et s'engage activement pour le développement du marché local. Les activités d'investissement de BlackRock en France sont régies par l'Autorité des marchés financiers (AMF). En 2018, BlackRock a reçu l'approbation de l'AMF pour créer une société de gestion de fonds d'investissement alternatif en France. En 2019, BlackRock a annoncé l'acquisition d'e-Front, le leader mondial de solutions logicielles pour la gestion d'investissement alternatif, dont le siège est à Paris. Avec plus de soixante employés en France, rejoints par les cent vingt employés d'e-Front basés à Paris, BlackRock gère environ 27,4 milliards d'euros (30 juin 2019) pour le compte de clients français : des compagnies d'assurances, des caisses de retraite, des institutions officielles, des entreprises, des banques traditionnelles et digitales ainsi que des fonds de dotation.

Annexe 4 — Du Google de l'investissement au Grand Délit d'Initié néolibéral

Voilà de larges extraits du texte mis en ligne par Guy de la Fortelle[115], le 20 mai 2020. Je ne l'ai découvert que trois mois plus tard. Il a fait peu de vues (env. 4000 à ce jour). « Ce n'était pas le but », explique son auteur. Je le restitue ici dans ses grandes lignes, car le jeune analyste financier basé à Lausanne est un pionnier dans le combat contre BlackRock. Pour retrouver le texte dans son intégralité et d'autres sur ces questions, il suffit de s'abonner à son site (l'investisseur sans costume). C'est gratuit.

(...) BlackRock aujourd'hui n'est déjà plus *too big to fail*, ils sont *too big to survive* sur le temps long de l'investissement. Et au fond, eux-mêmes doivent savoir qu'ils ont dépassé la taille où l'on ne peut plus faire faillite et atteint celle où, comme les dinosaures, ils ne peuvent plus *survivre* à long terme. BlackRock est déjà le plus gros gestionnaire d'actifs au monde. Si vous avez une assurance vie, une partie de votre épargne est sans doute déjà gérée par BlackRock indirectement. Pourtant, la France est un des pays occidentaux où BlackRock est le moins implanté, et nous savons à quel point nos retraites les font saliver.

Je travaille sur les questions de gestion passive et BlackRock en particulier depuis des années [...] Au moment de la réforme des retraites, les médias avaient largement couvert le petit jeu d'influence de BlackRock en France et

115 — https://www.investisseur-sans-costume.com

révélé son appétit pour le marché français, où il est très peu implanté. Je ne reviendrai pas dessus, le travail a déjà été fait, mais gardez bien en tête que la France est dans le viseur de BlackRock. Cette enquête vous concerne, elle vous dévoile un horizon soviétique pour votre épargne. (...) BlackRock veut devenir le Google de l'investissement. C'est le dernier relais de croissance possible pour le monstre qui gère déjà 21 000 milliards de dollars[116], directement ou indirectement : autant que le PIB des États-Unis et plus que le Nasdaq tout entier, qui regroupe pourtant les géants américains de la tech : Google, Microsoft, Apple, Amazon... Nous sommes aujourd'hui bien conscients de tous les problèmes que pose l'hégémonie de Google. Ils ne sont rien à côté du délire de puissance de BlackRock et de son fondateur Larry Fink qui, à bientôt 70 ans, a encore du temps pour dérouler son plan, mais plus une minute à perdre.

(...) Cette année, juste avant que n'éclate la crise, il a haussé le ton : « Nous sommes de plus en plus disposés à voter contre les conseils de direction et d'administration lorsque les entreprises ne font pas suffisamment de progrès sur les questions de développement durable[117]. » Et de fait, les chiffres suivent : depuis le début de l'année 2020, BlackRock a voté contre les recommandations du management près d'une fois sur trois aux États-Unis, et

116 — https://finadium.com/ft-blackrocks-aladdin-under-scrutiny-for-crowding-risk-as-assets-pass-20tr/

117 — https://www.blackrock.com/corporate/investor-relations/larry-fink-ceo-letter

pas n'importe comment[118]. Le P.-D.G. d'une grande organisation doit satisfaire nombre de parties prenantes : ses actionnaires bien sûr, mais également ses clients, salariés, partenaires, prestataires... C'est même leur job fondamental, ils doivent réconcilier des exigences souvent contradictoires de parties prenantes très diverses. Ici, Larry Fink vient dire à ses directeurs qu'ils ne doivent écouter qu'une seule voix : celle des actionnaires.

En temps normal, ce n'est pas si désastreux : si les actionnaires prennent de mauvaises décisions, ce sont eux qui en paieront le prix en perdant des marchés, en se faisant doubler par d'autres entreprises aux actionnaires plus affûtés ou en se retrouvant devant la justice le cas échéant : après tout, ils sont les ultimes responsables de ce qui leur appartient. Non seulement nous sauvons les actionnaires contre vents et marées depuis 2008, privatisant les gains et mutualisant les pertes, mais, en tant que premier actionnaire de tout le monde, il n'y a plus de concurrence pour défier BlackRock et lui faire payer ses fautes. L'hégémonie est en train de devenir totale. Pendant longtemps, les géants de la gestion passive, dont BlackRock a pris la tête en 2008, n'intervenaient que marginalement, ils n'avaient pas encore le poids suffisant. La gestion passive n'a pris le pas sur la gestion active sur le S&P 500 qu'en 2019, il y a moins d'un an. Il n'y a rien de connu dans l'évolution d'un grand indice boursier lorsque celui-ci devient essentiellement géré de manière passive.

---

118 — https://www.realclearmarkets.com/articles/2020/05/18/why_blackrocks_stakeholder_approach_wo nt_work_491618.html

BlackRock est le roi de l'investissement passif, c'est-à-dire tous ces investissements où vous suivez un indice sans choisir de société en particulier. Ce sont eux qui vous permettent d'investir directement dans le S&P 500 ou le CAC 40 plutôt que de choisir Sanofi, Total, LVMH... un par un. Les frais de gestion sont décapités et cela fait une grosse différence de gains à long terme. C'est l'attrait initial de la gestion passive, qui a d'abord été une excellente idée, puissamment utile : mais c'est la dose qui fait le poison.

Rares sont ceux qui se sont rendu compte que, lorsque l'investissement passif devient majoritaire, alors l'investisseur se doit de devenir un actionnaire actif – et même très actif. C'est exactement ce qui est en train de se passer et cela n'a rien à voir avec le développement durable.

Si demain BlackRock n'est pas satisfait des choix stratégiques du groupe Total, il ne peut pas vendre ses actions, il est obligé de détenir Total pour tous les investisseurs qui souhaitent investir dans le CAC 40. À défaut de pouvoir vendre, BlackRock va s'impliquer activement dans la gestion du groupe qui ne sert pas suffisamment ses intérêts mais qu'il peut désormais contraindre. C'est lui le vrai souverain : il en détient les attributs. BlackRock a un pouvoir de vie ou de mort sur la plupart des dirigeants des grandes organisations de ce bas monde, privées comme publiques. (...) C'est le moment de vous inquiéter de BlackRock, personnellement et collectivement. Après, il sera trop tard, comme déjà aujourd'hui les Google, Facebook et autres GAFAM semblent hors d'atteinte, de tout concurrent comme de tout gouvernement. Et leur pouvoir de nuisance est pourtant incroyablement moins fort que celui de BlackRock. (...) Sur trois cent trente assemblées générales auxquelles BlackRock a participé depuis le début de l'année aux États-Unis, il s'est opposé à cent vingt nominations de directeurs : c'est massif. Il ne me semble pas inutile à ce stade de rappeler que les États-Unis sont entrés en guerre commerciale avec le monde, bien avant l'élection de Trump. Les raids réussis sur Alstom, Technip, celui en cours sur Lagardère, l'amende record et douteuse infligée à BNP : les États-Unis sont devenus ouvertement prédateurs depuis 2008 et, dans ce contexte, BlackRock et à sa suite Vanguard et State Street ne sont certainement pas en train de monter au capital de nos grandes entreprises en amis, et encore moins avec la crise dans laquelle nous entrons.

(...)

Le 12 mai dernier, BlackRock a annoncé un partenariat avec Brinker Capital, une société de gestion qui fournit également des services informatiques pour conseillers en gestion de patrimoine (aux États-Unis, on dit RIA, *Registered Investement Advisor*). Brinker Capital a plus de 20 milliards de dollars sous gestion et ils seront bientôt connectés à un prototype de version grand public d'Aladdin[119]. C'est la première étape vers le déploiement d'Aladdin dans tous les foyers. La seconde est déjà engagée : BlackRock a également choisi Azure, le cloud de Microsoft pour rendre accessible Aladdin à grande échelle.

---

119 — https://riabiz.com/a/2020/5/11/with-brinker-capital-its-first-big-proof-of-concept-blackrock- moves-aladdin-onto-microsofts-cloud-to-automate-portfolios-at-the-ria-client-level-to-surpass-what- it-always-did-at-the-fund-level

Notez au passage que, depuis 1990, Bill Gates a toujours rêvé d'investir le secteur de la finance, cette ambition trop précoce aura d'ailleurs joué pour beaucoup dans le grand procès antitrust qui a bien failli emporter Microsoft en 1998.

Notez que BlackRock n'est pas le seul à lorgner la gestion de votre épargne. La semaine dernière, Goldman Sachs a également annoncé le rachat de Folio, société qui fournit des services financiers pour CGP, y compris des algorithmes d'investissement (robo-advisor[120]). Enfin, le géant américain du secteur, Schwab, a lui aussi annoncé au début du mois le rachat de Motif Technology, là encore pour ses algorithmes d'investissement[121]. La tendance, mon cher lecteur, est massive, mais aucun de ses concurrents n'arrive à la cheville de la monumentale manœuvre de BlackRock.

Selon les mots mêmes de Larry Fink, BlackRock est en train de transformer Aladdin en un langage, le langage de la construction de portefeuille. Le mot est particulièrement important. En faisant cela, BlackRock ne cherche pas tant à contrôler le monde de la finance que la représentation que nous en avons. Par sa construction même, BlackRock nous enferme dans une représentation du monde qui ne dépasse pas les marchés financiers. Vous voulez acheter de l'or ? Aucun problème, BlackRock a un

---

120 — https://riabiz.com/a/2020/5/15/goldman-sachs-buys-folio-to-gain-an-ria-custody-toehold-and- gets-robo-advisors-in-the-bargain-days-after-schwab-buys-motif

121 — https://www.barrons.com/articles/charles-schwab-buys-motifs-technology-51588886300

ETF pour cela, mais jamais l'or physique ne fera partie du *langage* Aladdin. Vous voulez investir dans l'art ? N'allez pas dans une salle des ventes, il existe des fonds spécialisés pour cela, gérés par les plus grands spécialistes.

Nous touchons là au cœur du problème : la crise économique et financière qui s'abat sur nous est une crise fondamentale, une divergence irréconciliable entre la fiction financière et la réalité économique. Cette fiction permet de faire apparaître des milliers de milliards de dollars, d'euros et d'autres monnaies, d'un claquement de doigts, alors même que nos économies s'effondrent et que les perspectives de croissance à long terme sont nulles. Il y a de plus en plus d'argent et de moins en moins de richesses : là est le principe fondamental de notre mal, nous ne savons plus représenter nos richesses et, partant de là, nous ne savons plus les répartir entre nous. Nous donnons aujourd'hui plus de valeur à des sociétés comme Air France ou la Fnac qu'à nos hôpitaux ou nos terres. En nous enfermant dans sa fiction financière, BlackRock joue au pompier pyromane.

(…) Mercredi dernier, la banque régionale de Pittsburgh, PNC Bank (neuvième banque américaine par le bilan), a vendu ses parts dans BlackRock. PNC était un investisseur historique de BlackRock et son premier actionnaire avec plus de 22 % des parts. La plupart des commentateurs ont observé le mouvement du point de vue de PNC, lequel a besoin de cash pour traverser la crise et qui, de toute manière, pouvait difficilement espérer mieux que les 3 000 et quelque pour cent de plus-value réalisés avec leur coup de génie. (…) Depuis le 1er avril, la Fed estime que PNC est dans une position de contrôle de BlackRock, et donc que BlackRock doit être traité comme une filiale de PNC Bank et non plus comme une participation minoritaire... BlackRock devenait filiale d'une banque, c'est-à-dire une banque.

Dans son rapport annuel 2019, PNC note (page 10) :

« Au sens des dernières règles [la négociation n'est alors pas encore finie], PNC est présumé contrôler BlackRock, au sens de la loi de supervision bancaire (BHC Act). [...] ce qui reviendrait à considérer BlackRock comme une filiale de PNC, qui serait alors soumise à la supervision et régulation de la Réserve fédérale[122]. »

(...)Le même rapport annuel de PNC note en page 7 une évolution d'une autre réglementation qui lui est très défavorable : Depuis le 1er janvier 2020, elle doit couvrir les risques de son investissement dans BlackRock, non pas par rapport au montant initial de 240 millions de dollars, mais selon la valeur actualisée... alors à plus de 17 milliards. C'est un peu technique, mais cela signifie qu'au lieu de dédier peut-être 150 millions de dollars de fonds propres pour couvrir le risque d'une défaillance de BlackRock, PNC doit tout d'un coup consacrer autour 10 milliards de fonds propres à ce risque... Il s'agit d'un surcoût insupportable pour PNC qui dispose en tout et pour tout de 50 milliards de fonds propres et déplore dans son rapport annuel l'échec des négociations avec les autorités. Ajoutez à cela

122 — https://thepncfinancialservicesgroupinc.gcs-web.com/static-files/be4c0f13-ce5d-4997-a59b-37a319dae8e9

que la vente des actions de PNC est venue grossir le capital flottant de BlackRock d'environ 15 %, qui a fait augmenter d'autant le poids de BlackRock dans le S&P 500, et donc la part d'autocontrôle de BlackRock, qui gagne ainsi en indépendance... et vous avez une jolie cerise sur le gâteau.

(...) BlackRock ne doit en aucun cas tomber sous la réglementation bancaire... Et la question n'est pas nouvelle. Déjà en 2009, les avocats de la banque britannique Barclays, qui possédait temporairement plus de 51 % de BlackRock, s'étaient assurés auprès de la Fed que la participation de Barclays ne pouvait pas être interprétée comme une position de contrôle[123]. Cet échange n'était pas anodin et survenait au moment même de la négociation de la Volcker Rule. La règle Volcker est une loi votée au début de l'année 2010 en réaction à la crise de 2008 qui interdit aux banques d'investir contre leurs clients[124]. Jusque-là, une banque pouvait tout à fait conseiller à l'un de ses clients un investissement et, par-derrière, prendre la position inverse sur ses fonds propres, c'est-à-dire jouer contre son client. Il y avait là un conflit d'intérêts énorme et un délit d'initié patent, puisque la banque avait accès aux informations de ses clients – nous parlons ici de gigantesques investisseurs institutionnels... pas de vous et moi.

Mais BlackRock n'est pas une banque. Ce fait est crucial : BlackRock n'est pas une banque. Il ne fait pas crédit. Il ne dispose pas des fonds propres gigantesques

---

123 — https://www.federalreserve.gov/supervisionreg/legalinterpretations/20091215.pdf

124 — https://fr.wikipedia.org/wiki/R%C3%A8gle_Volcker

dont les banques ont besoin pour assurer leurs crédits. Le capital de BlackRock s'élève à 30 milliards de dollars, beaucoup moins que les 50 milliards de PNC, pourtant vingt fois moins important que BlackRock. Les seuls fonds que gère BlackRock sont ceux de ses clients.

(...) Larry n'est pas philanthrope. Avec BlackRock, il a joué au pompier pyromane et largement contribué à souffler la bulle immobilière américaine[125] et ne s'est jamais arrêté depuis. N'oubliez pas que chaque crise a été pour BlackRock l'occasion de se renforcer. Peut-être même a-t-il pris un plaisir coupable à voir ses anciens camarades de Wall Street chuter sur l'écueil qui avait causé son bannissement. Aladdin n'a pas permis à BlackRock d'éviter la crise de 2008 et sans le sauvetage général de la Fed, ils auraient sombré dans la banqueroute comme les autres. Pourtant, BlackRock et Larry sont sortis de la crise de 2008 en sauveurs, avec le statut de roi et faiseur de rois à Wall Street, qui se serait bien passé d'un tel retour du fils prodigue. (...) Si Aladdin n'a aucun pouvoir prédictif sérieux, l'algorithme est en revanche un outil hors pair pour faire le ménage après coup. Quand Bear Stearns a fait faillite en 2007, c'est BlackRock qu'on a appelé pour analyser les comptes et faire le ménage. BlackRock a été conseil à la fois de JPMorgan, qui a racheté les actifs sains, et de la Fed qui a absorbé ceux qui ne l'étaient pas : encore un énorme conflit d'intérêts pour BlackRock. La même année, c'est le fonds de pension de l'État de

---

125 — https://books.google.ch/books?id=CGvoG_jboJYC&pg=PT124&lpg=PT124&dq=blackrock+state+of+fl#v=onepage&q&f=false

Floride qui a fait faillite… C'est encore BlackRock que l'on a appelé à la rescousse. Il a réorganisé le fonds en séparant les actifs sains des pourris puis a conseillé l'État de Floride d'absorber les actifs pourris pour sauver le fonds de pension de ses fonctionnaires (avec l'argent du contribuable bien sûr[126]). Ils ont fait le même coup avec AIG. BlackRock s'est transformé, avec la crise de 2008, en roi de la privatisation des gains et de la mutualisation des pertes. (…)

126 — https://money.cnn.com/2008/10/28/magazines/fortune/blackrock_brooker.fortune/index2.htm

Annexe 5 — Les principaux investissements de BlackRock en France, où la firme possède autour de 5% des parts (plus ou moins 1%) en 2020, et aux USA

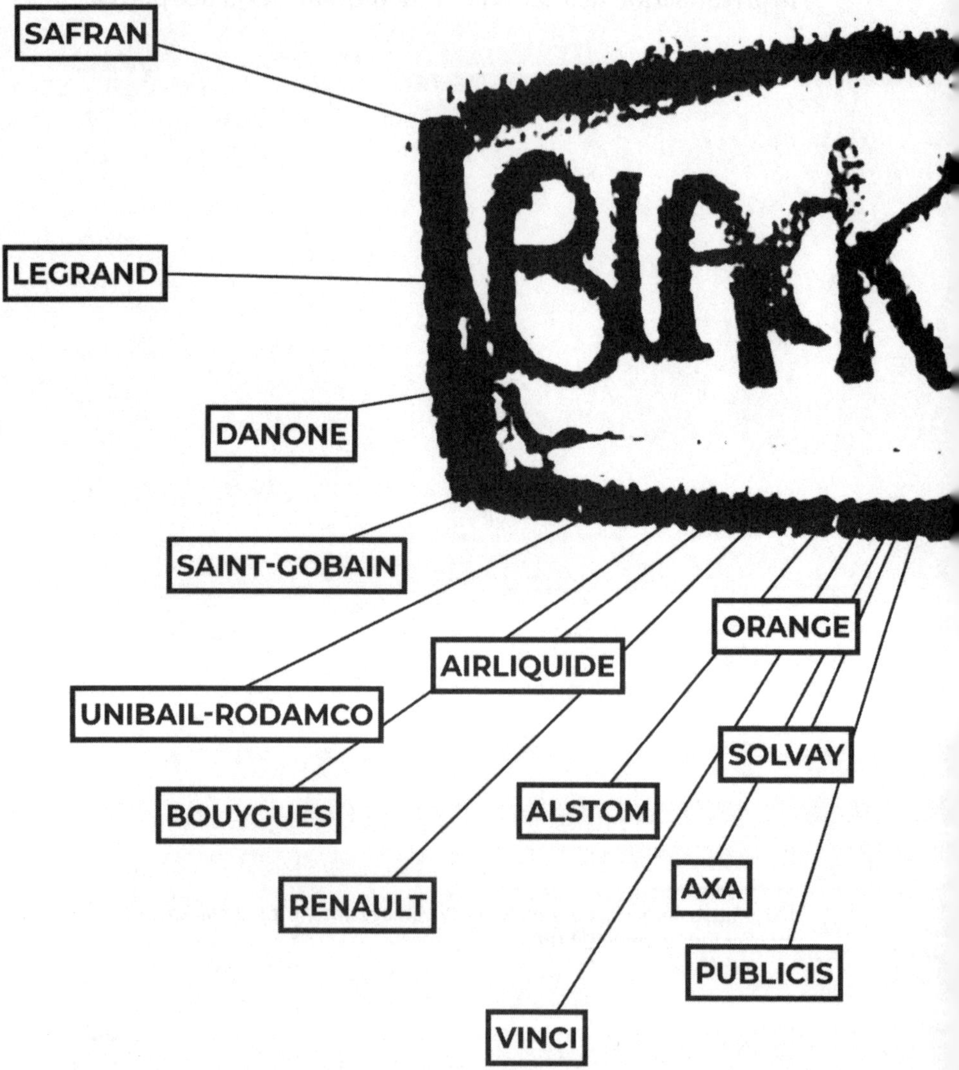

APPLE: 2,41% (33,50 G$)
ALPHABET (GOOGLE): 2,44% (24,23 G$)
AMAZON: 2,06% (19,32 G$)
FACEBOOK: 2,46% (15,57 G$)
JPMORGAN CHASE: 2,50% (10,75 G$)
CHEVRON: 2,47% (5,46 G$)
WELLS FARGO: 2,36% (5 ,19 G$)
WALMART STORES : 1,26 % (4,14 G$)
ROCK
PSA PEUGEOT
VEOLIA
VIVENDI
TECHNIP
MICHELIN
SOCIÉTÉ GÉNÉRALE
BNP PARIBAS
CAPGEMINI
LAFARGE-HOLCIM
VALEO
TOTAL
SANOFI
SCHNEIDER ÉLECTRIC

REMERCIEMENTS

J'ai mûri ce livre pendant dix ans, et je l'ai écrit, jours et nuits, sans interruptions, en cinq semaines cet été, entre le 3 août et le 9 septembre. Plusieurs personnes m'ont bien aidé. Sans elles, je ne serais pas allé au bout aussi vite.

Merci à Sylvie et à Nell pour leur patience et leur présence. Merci à Maurice Tornicelli pour sa bienveillance et sa lecture acérée ; à Pierre P. pour m'avoir alerté et si bien renseigné sur les Gulfstream de BlackRock, à Françoise Holzer-Coulon pour sa disponibilité et son anglais masterclass ; à Marc Eichinger pour ses conseils, les lunettes de Gandhi et son regard de tueur ; à Guy de la Fortelle, pionnier dans le combat contre BlackRock pour nos échanges si nourrissants, et à Charles de Mercy, grand spécialiste du point zéro de la fascination, qui pense comme une fusée et m'a parfois remis sur orbite.

Merci à Florent Massot et à Carole Delporte pour les relectures, l'édition et les encouragements permanents. Merci à celle qui m'a poussé à me remettre à écrire et qui pense, sans doute à juste titre, qu'à force de défendre des causes perdues, je suis devenu un champion du monde du type qui se met dans la merde tout seul. On se refait difficilement, mais promis, le prochain, ce sera *The* roman.

Merci enfin à Laurence Douglas Fink, qui est à défaut d'être un brave mec, est un *good* client.

CRÉDITS

Les illustrations et la couverture du livre sont des toiles de Denis Robert datant de 2012. Elles ont été exposées à la galerie W (Paris) et sont aujourd'hui pour la plupart dans des collections privées.

La couverture et p. 49 : *Consanguin*, acrylique et mixte sur toile, 162x130

P. 14-15 : *All is clean*, acrylique et mixte sur toile, 195x130

P. 40 (détail) : Polyptyque 5 Vix Mixte sur toile, 162x130

P. 59 (détail) : Polyptyque 5 Vix Mixte sur toile, 162x130

P. 69 : *Sainte Ida*, acrylique et mixte sur toile, 146x114

P. 92 : Polyptyque, 4 Vix Mixte sur toile, 162x130

P. 115 : Carlyle, acrylique et mixte sur toile, 162x130

P. 142 : (détail) Polyptyque, 3 Vix Mixte sur toile, 162x130

P. 166 : (détail) *Les affaires étrangères*, acrylique et mixte sur toile, 162x130

P. 184 : (détail) : Polyptyque 1 Vix Mixte sur toile, 162x130

P. 205 : « Aspen, société anonyme », Acrylique et mixte sur toile, 162x130

P. 234 : *Les affaires étrangères*, acrylique et mixte sur toile, 162x130

P. 241 : *Blackrock and co*, acrylique et mixte sur toile, 195x130

P. 249-250 : *Les amis de David*, acrylique et mixte sur toile, 162x130

CRÉDITS

[illegible]

Achevé d'imprimer en octobre 2020
dans les ateliers de Normandie Roto Impression s.a.s.
61250 Lonrai
N° d'impression : 2003953

Imprimé en France